Jenny Menzel

Dresden

W0171342

55
MIKROABENTEUER
ZUM ENTDECKEN UND GENIESSEN

360° medien

IMPRESSUM

Dresden
55 MIKROABENTEUER ZUM ENTDECKEN UND GENIESSEN
Jenny Menzel

© 2021 360° medien
Marie-Curie-Straße 31 | 40822 Mettmann
www.360grad-medien.de

Redaktion und Lektorat: Christine Walter

Satz und Layout: Serpil Sevim-Haase

Gedruckt und gebunden:
Lensing Druck GmbH & Co. KG | Feldbachacker 16 | 44149 Dortmund
www.lensingdruck.de

Bildnachweis: siehe Seite 256

ISBN: 978-3-96855-074-9
Hergestellt in Deutschland

www.360grad-medien.de

Jenny Menzel

Dresden

MIKROABENTEUER
ZUM ENTDECKEN UND GENIESSEN

360° medien

ACH DRESDEN, MEIN DRESDEN!

Sobald ich von einer Reise zurückkehre und mein Blick über den Rand des Talkessels fällt, auf die vielen Kirchtürme, die wie aus einem Nest emporragen, entfährt mir dieser freudige Seufzer. Obwohl Dresden, von hier oben betrachtet, recht klein und vielleicht ein wenig provinziell wirkt – es ist mein Heimathafen, in den ich immer wieder gern zurückkomme.

Keinen einzigen Wolkenkratzer hat die Dresdner Skyline. Abgesehen von einigen Plattenbauten am Stadtrand wird das Stadtbild nicht von Hochhäusern bestimmt, sondern von Kirchtürmen aus allen Stilepochen – und von viel Grün. Seit 300 Jahren sieht die barocke Silhouette am Elbufer gleich aus, der Canaletto-Blick wirkt wie ein Schnappschuss aus den Alten Meistern. Die Dresdner haben es sich „gemiedlich" gemacht in der auch etwas vergangenheitsverliebten Kulisse der Altstadt – und betrachten alles, was neu ist, erst einmal skeptisch.

Klar ist Berlin verrückter, Hamburg kosmopolitischer und München mondäner. Aber so museal und spießig, wie die Altstadt erscheint, ist Dresden als Ganzes mitnichten. Hier hat sich so ziemlich alles verändert, seit wir uns aus dem „Tal der Ahnungslosen" in den Westen aufgemacht haben.

Auf Fotos aus meiner Kindheit erkenne ich die Stadt kaum wieder. Das Viertel, in dem ich aufgewachsen bin, gab es noch gar nicht, als ich geboren wurde. Wo ich zur Grundschule ging, steht heute ein Supermarkt. Die kinderfreundliche, bunte Neustadt, in der ich heute lebe, war vor der Wende ein abbruchreifes, rußgeschwärztes Gebiet – und danach Tummelplatz für Punks und Nazis.

Die strahlend schöne Frauenkirche, die unsere Silhouette bestimmt, kannte ich nur als unkrautüberwucherten Trümmerhaufen – der zwischen den vielen anderen Ruinen im Stadtzentrum kaum auffiel. In der Elbe baden? Undenkbar noch vor 20 Jahren, alltäglicher Sommer- (und Winter-!) Spaß heutzutage. Und der gelblich-braune Smogdeckel, der im Winter auf dem Elbtalkessel lag, ist abgezogen.

Dresden hat sich echt gemausert in den letzten 30 Jahren. Das hat sich herumgesprochen. Während die einen die Stadt verlassen, um in der Ferne ihr Glück zu suchen, kommen viele andere extra hierher und bringen viel frischen Wind mit. Der weht in der Multi-kulti-Neustadt zwischen Graffitis, Galerien und veganen Cafés, aber auch auf den neuen begrünten Promenaden in der City und zwischen den Glasfassaden von „Silicon Saxony". Hightech Heaven, grüne Oase oder schmuckes Barockstädtchen – wie die Zukunft aussehen soll, da sind sich die Dresdner nicht einig. Es wird erbittert gestritten, und nicht selten stehen wir uns unversöhnlich gegenüber - wie man an der Waldschlösschenbrücke sieht. Aber wir finden auch zueinander, etwa am 13. Februar, wenn alle zusammen eine Menschenkette um unsere Innenstadt bilden.

In der neu herausgeputzten Altstadt dürfen wir uns zwischen den Touristen als Weltstädter fühlen. Ringsherum aber, in Pieschen, Loschwitz oder Leuben, sind wir Dresdner unter uns. Da sitzt man gemeinsam in den Biergärten und sonnt sich an der Kiesgrube, dreht im Großen Garten seine Runden und genießt beim Bäcker eine Eierschecke. Besucher, die wir eindeutig an ihrem Hochdeutsch erkennen, sind willkommen, sich dazuzusetzen – wir Dresdner sind ein freundliches Volk und stolz auf unsere schöne Heimat. Ob Sie alles verstehen, was wir Ihnen über sie erzählen, steht auf einem anderen Blatt!

Jenny Menzel

Inhaltsverzeichnis

DAS KLEINE WÖRTERBUCH FÜR DRESDEN 298

REGISTER 304

BILDNACHWEIS 308

In den Monaten vor der Veröffentlichung dieses Buchs mussten Lokale und Besucherattraktionen immer wieder aufgrund der Corona-Pandemie ihre Öffnungszeiten einschränken oder zeitweise komplett schließen. Die in diesem Band angegeben Öffnungszeiten wurden gewissenhaft nach dem letzten bekannten Stand recherchiert – mit weiteren Änderungen ist jedoch nach der Pandemie zu rechnen, weshalb wir Lesern empfehlen, während des Aufenthalts in Dresden Öffnungszeiten anhand der hier aufgeführten Internetseiten selbst zu überprüfen.

Willkommen in Dresden!

Dresden ist eine Sache der Perspektive. Die einen schwärmen vom barocken Elbflorenz, die anderen belächeln das „Tal der Ahnungslosen", wo man in DDR-Zeiten kein Westfernsehen empfing. Für die einen liegt Dresden im Dreiländereck mitten in Europa, die anderen verorten es am äußersten Rand Deutschlands.

Ist Dresden die verkitschte Kulisse einer verklärten Vergangenheit, deren ewiggestrige Bewohner*innen Fortschritt und kulturelle Vielfalt als Bedrohung sehen – oder muss man die sächsische Landeshauptstadt als internationale Kulturmetropole und „Silicon Saxony" respektieren, eine der wirtschaftlich dynamischsten Regionen Deutschlands?

Alle Seiten haben Recht, und gleichzeitig keine. In den Villen am Weißen Hirsch lebt es sich ganz anders als in den Plattenbauten und Reihenhaussiedlungen an den Stadträndern. Direkt gegenüber der historischen Altstadt, in der man sich bisweilen wie in einer Disneyland-Kulisse fühlt, liegt die Neustadt, wo Dresden ganz anders tickt; das zeigen nicht nur die Geburtenzahlen, sondern auch die Wahlergebnisse.

Dresdens Vielfalt hat Tradition. Mehr als 800 Jahre alt ist die Stadt offiziell. Aber im Elbtal, wo Dresden etwa 50 Kilometer nördlich der

Dresdens ikonischste Sehenswürdigkeit: die Frauenkirche

Der Zwinger und das Residenzschloss im barocken Stadtzentrum

Landesgrenze zu Tschechien liegt, eingebettet zwischen Osterzgebirge und Sächsischer Schweiz, lebten schon Menschen, als die
Pyramiden in Ägypten noch Zukunftsmusik waren.

Auch später war in Dresden immer etwas los. Im 15. Jahrhundert
löste sich die Stadt aus dem Schatten des mächtigen Bischofssit-
zes in Meißen. Damals ließ sich das Fürstengeschlecht der Wettiner in Dresden nieder, das die Stadt in der Reformation zum Zentrum des neuen protestantischen Glaubens machte. Unter August
dem Starken, der gleichzeitig König von Polen war und dafür ganz
pragmatisch zum Katholizismus zurückkonvertierte – ohne jedoch
seine Untertanen dazu zu verpflichten –, erblühte Dresden zu seinem heutigen Glanz als Barockstadt.

Aus eigenen Mitteln errichteten die Dresdner Bürger die Frauenkirche, direkt gegenüber erbaute der Kurfürst die Katholische
Hofkirche – ein europaweit einzigartiges Nebeneinander der Reli-
gionen. Mit dem Bau dieser Kirche beauftragte August der Starke

den italienischen Star-Architekten Chiaveri, der seine eigenen Arbeiter mitbrachte; an sie erinnert heute das Italienische Dörfchen gegenüber der Semperoper. Nicht weit davon ragt die bunt leuchtende Glaskuppel der Yenidze empor, die genauso oft mit einer Moschee verwechselt wird wie die Semperoper mit der Radeberger Brauerei.

Prunkvolle Schlösser und Schlösschen wurden in der Stadt und ringsherum errichtet, als Geschenke für Söhne und Mätressen, als Altersruhesitze für Minister und Höflinge oder auch „just for fun", um den kurfürstlichen Hof in Moritzburg zu bespaßen. Viele sind noch heute erhalten, etwa das Städtische Krankenhaus im Stadtteil Friedrichstadt oder das Wasserschloss Pillnitz an der Elbe.

Aus einem Marktflecken in sumpfigem Waldland wurde im Laufe der Jahrhunderte eine Metropole, die nicht aufhört zu wachsen. Beim Stadtbummel stolpert man immer wieder überrascht in einen alten Dorfkern hinein, und sogar mitten in der Stadt sorgen weite Wiesenflächen im Friedrichstädter Ostragehege für Land-Feeling. Der älteste Teil Dresdens ist gleichzeitig der jüngste: Nachdem ein Großbrand das rechtselbische „Altendresden" zer-

Dresdens historische Skyline: unverändert seit Jahrhunderten

stört hatte, nutzte August der Starke die Gunst der Stunde und erbaute sie bis 1732 als Vorzeigeviertel im zeitgemäßen Barockstil neu: die „Neue Stadt bey Dresden".

Nördlich des Albertplatzes, sozusagen dem Zwilling des Altmarkts am anderen Elbufer, schließt sich an die Innere Neustadt eines der größten zusammenhängenden Gründerzeitviertel Europas an: Die Äußere Neustadt war bis zum 18. Jahrhundert eine sandige Heidelandschaft, Richtstatt für Verbrecher und Hexen. Später übte hier, neben Schokoladen- und Zahnpastafabriken von Weltruhm, das Militär; erst die Truppen des sächsischen Königs, dann die Wehrmacht, schließlich die Rote Armee und die Nationale Volksarmee. Heute hat die Bundeswehr im Norden der Stadt ihre Offiziersschule und führt mit dem Militärhistorischen Museum eines der vier großen Geschichtsmuseen Deutschlands.

Springbrunnen am Albertplatz

Die Bomben des Zweiten Weltkriegs zerstörten große Teile Dresdens; die Nacht des 13. Februar 1945 spielt im Stadtgedächtnis eine enorme Rolle. Nazis nutzten das Gedenken bald für ihre Propaganda und Dresden erwarb sich einen zweifelhaften Ruf als beliebter Schauplatz rechter Aufmärsche. Seit der Jahrtausendwende bewegt sich zum Glück etwas. Heute stehen die Dresdnerinnen und Dresdner jedes Jahr an diesem Abend Hand in Hand um das gesamte Stadtzentrum herum und lauschen 15 Minuten lang dem Glockenläuten aller Dresdner Kirchen. So lange dauerte die erste Angriffswelle der englischen Kampfflugzeuge, die eine Schneise aus Tod und Zerstörung quer durch die Stadt bombten.

Die Nazis gibt es immer noch. Für sie und die Wutbürger hat sich in Dresden der Montag etabliert, an dem man vor der Frauenkirche die Hassreden von Pegida hören muss; auch wenn die Teilnehmerzahlen seit 2015 deutlich gesunken sind. Die andere, bunte Seite von Dresden sieht man in der Äußeren Neustadt, dem Szeneviertel, das gleichzeitig Dresdens geburtenstärkstes ist.

Das heute hübsch sanierte Gründerzeitviertel hätte die DDR-Zeit fast nicht überstanden. Die Altbauten wurden bewusst dem Verfall überlassen, die Dresdnerinnen und Dresdner zogen in die neuen Plattenbauviertel von Gorbitz und Prohlis. Im sozialistischen Vorzeige-Stadtzentrum zwischen Altmarkt und Hauptbahnhof flanierte man, der Trümmerhaufen der Frauenkirche lag mittendrin als trauriges Mahnmal.

Das Militärhistorische Museum

Zumindest architektonisch sind uns interessante DDR-Relikte geblieben: von der Sektglas-Silhouette des Fernsehturms über den Prachtboulevard der Prager Straße bis hin zum sozialistischen Vorzeigeprojekt, dem Beton-Glas-Kasten des Kulturpalasts am Altmarkt. Die Gläserne Manufaktur am Großen Garten, wo heute der Elektro-VW zusammengebaut wird, oder das von Daniel Libeskind erschaffene Militärhistorische Museum sehen ... hm ... nicht weniger cool aus.

Dresden ist barock, bunt und auch sehr grün. Auf dem Elberadweg lässt es sich genauso schön radeln wie flanieren, auch der Große Garten und die Dresdner Heide laden zum Frischluftgenießen ein. Schon die Wettiner-Fürsten gondelten auf der Elbe zu den Weinbergen von Pillnitz oder Radebeul und jagten in den Wäldern um Moritzburg bereitgestellte Hirsche und Wildschweine. Später genossen Semperoper-Kapellmeister Richard Wagner oder die Pianistin Clara Schumann Stadt-Auszeiten in Graupa oder Maxen. Heute machen wir Dresdner es ihnen gern nach: auf gemütlichen Kaffeefahrten mit der Wei-

Dresdens grüne Oase: die Elbwiesen im Stadtzentrum

ßen Flotte in Richtung Meißen, beim Klettern in der Sächsischen Schweiz und auf Schusters Rappen im Osterzgebirge.

Ein Kurztrip nach Dresden genügt bei Weitem nicht, um diese vielfältige Stadt von allen Seiten kennenzulernen. Nehmen Sie sich die Zeit, um das echte Dresden zu entdecken; in den Gassen der Altstadt, aber auch in den Straßen der Neustadt und am Elbufer von Loschwitz, auf den Weinbergen von Pillnitz genauso wie im verträumt-verfallenen Übigau. Nicht zu vergessen Dresdens wunderschöne Umgebung; von den Sandsteinfelsen der Sächsischen Schweiz über die Silberminen des Erzgebirges bis zu den vulkanischen Basaltsäulen an der Burg Stolpen. Reden Sie mit den Dresdnerinnen und Dresdnern, hören Sie ihnen zu, fordern Sie sie heraus – und machen Sie sich Ihr eigenes Bild. Ich bin sicher, es wird bunt.

Top 10

DER SEHENSWÜRDIGKEITEN IN DRESDEN

Sie müssen nicht alle Highlights von Dresden „abhaken", wenn Sie zum ersten Mal hier sind. Ich bin sicher: Sie kommen sowieso wieder. Lassen Sie sich Zeit, anstatt wie die asiatischen Reisegruppen durch das historische Zentrum zu hetzen und dabei den eigentlichen Charme von Dresden zu übersehen: die beschauliche Atmosphäre an der Elbe, die wuselige Äußere Neustadt und die netten Bewohner, die Besuchern immer gern den Weg beschreiben und Tipps fürs Sightseeing haben.

1 Frauenkirche: Wer kennt nicht das Wahrzeichen von Dresden? Bis 1993 lag dort, wo heute Touristen aus aller Welt staunend die Köpfe zur 91 Meter hohen Kuppel der Frauenkirche heben, ein Haufen rußgeschwärzter Trümmer. Die Ruine der Frauenkirche, im Februar 1945 zerbombt, stand jahrzehntelang als Mahnmal im Stadtzentrum. Heute ist sie ein Denkmal für Frieden und Versöhnung, wieder aufgebaut mit Spenden aus der ganzen Welt. Und wunderschön anzusehen!

2 **Zwinger:** Wenn der Sohn heiratet, braucht man eine angemessene Location – Kurfürst August der Starke ließ kurzerhand ein Festgelände erbauen. 40 Tage dauerte die prunkvolle Hochzeit von Friedrich August II. und Maria Josepha von Österreich, für die Dresden gründlich aufgehübscht wurde. Der Zwinger, damals noch aus Holz, ist eines der bekanntesten Barock-Bauwerke Deutschlands. Auf seinen fein manikürten Rasenflächen finden immer noch Konzerte und Theateraufführungen statt, aber berühmt ist er heute für die Weltklasse-Museen in

seinen Flügeln: allen voran die Gemäldegalerie Alte Meister mit der Sixtinischen Madonna und die Porzellansammlung.

3 **Semperoper:** Was die Biermarke aus dem nahegelegenen Radeberg mit ihrem Werbespot angerichtet hat, konnten sich PR-Strategen gar nicht ausdenken – aber sie sind bestimmt nicht traurig, dass alle Welt heute die Semperoper für den Sitz einer Brauerei hält. Die Enttäuschung ist nur kurz, wenn man die opulenten Hallen des fast 180 Jahre alten Opernhauses betritt, wo schon Richard Wagner Kapellmeister war. Zweimal brannte das Opernhaus ab, zweimal wurde es wiederaufgebaut. Einer der jährlichen Höhepunkte Dresdens ist der Semperopernball, wenn drinnen die Prominenz tanzt und draußen auf dem Theaterplatz die Menschen.

4 **Residenzschloss:** Schon im 16. Jahrhundert war das Residenzschloss politisches Zentrum von Dresden. Seitdem ragt das Renaissance-Schloss mit den spitzen Tür-

men und dem Georgentor als Sitz der albertinischen Linie des Wettiner Geschlechts am Elbufer auf, flankiert von der Hofkirche, dem Taschenbergpalais und dem Zwinger – und natürlich der alles überragenden Frauenkirche. Der lief das Residenzschloss im Jahr 2019 kurzzeitig den Rang als bekanntestes Bauwerk Dresdens ab, als Diebe unbezahlbare Juwelen aus dem Historischen Grünen Gewölbe raubten. Das Historische und/oder das Neue Grüne Gewölbe zu besuchen, ist trotzdem eine gute Idee; selbst wer nicht auf Gold und Glitzersteine steht, wird über Kunstschätze wie den Kirschkern mit den 180 eingravierten Gesichtern staunen (siehe Tipp 1, Seite 32).

5 **Fürstenzug:** Wer regierte nochmal wann in Sachsen? An der Rückseite des Residenzschlosses findet sich ein „Spickzettel": Auf der 102 Meter langen Ahnengalerie, die auf rund 23.000 Fliesen aus Meißner Porzellan gemalt ist, ziehen die 34 Markgrafen, Herzöge, Fürsten und Könige von Sachsen aus dem Wettiner Geschlecht entlang, fein säuberlich zum Nachlesen beschriftet. Ein einziger fehlt – Friedrich August III., der letzte König von Sachsen. Genaues Hinschauen lohnt sich: Neben den Herrschern bevölkern zahlreiche andere Personen das Bild, von Soldaten und Handwerkern über Kinder bis hin zu mehreren Tieren. Eine Person wurde erst 2006 entdeckt, als man den Fürstenzug für die 800-Jahr-Feier Dresdens mit echten Menschen nachstellen wollte.

6 Katholische Hofkirche: Schwarz und schlank erhebt sich der barocke Turm der Katholischen Hofkirche neben dem Georgentor des Residenzschlosses, mit dem sie durch einen Übergang verbunden ist. Im Familiengrabmal der Wettiner sind neben Friedrich August II., der die Kirche 1739 errichten ließ, und seiner Frau Maria Josepha noch 47 weitere Familienangehörige begraben, auch der letzte sächsische König Friedrich August III. Kurfürst August der Starke, der sich als König von Polen in Krakau beerdigen lassen musste, hat immerhin sein Herz zurück in die Heimat geschickt – es ruht in einer silbernen Kapsel in der Stiftergruft. Dass es die Hofkirche gibt, ist der Politik zu verdanken: Für die polnische Krone war der Kurfürst zum Katholizismus konvertiert, seine Bevölkerung blieb jedoch eisern evangelisch und erbaute 1726 die Frauenkirche. Zwei Kirchen direkt nebeneinander – so viel religiöse Toleranz war damals in Europa einzigartig.

7 Canaletto-Blick: Dresdens Skyline ist seit Jahrhunderten dieselbe – geprägt von der Frauenkirche, der Hofkirche und der Kreuzkirche, den Rundbögen der Augustusbrücke und dem Residenzschloss. Weltbekannt wurde diese

Silhouette im 18. Jahrhundert, als Bernardo Bellotto alias Canaletto sie in Öl malte. Genau dort, wo der Maler 1748 am Neustädter Elbufer stand, steht heute ein Bilderrahmen, durch den man
prüfen kann, was sich verändert hat. Spoiler: nicht allzu viel.
Dresdens Ruhm als barockes Elbflorenz soll unbedingt erhalten
bleiben, deshalb gibt es in der Innenstadt bis heute keinen Wolkenkratzer. Wie man das Hochhausverbot in der Innenstadt
geschickt umgehen kann, zeigt übrigens die Yenidze, die ganz
knapp nicht mit aufs Canaletto-Panorama passte (siehe Tipp 16,
Seite 102).

8 Goldener Reiter: Ein eitler Zeitgenosse war Kurfürst
August der Starke durchaus. Die Folgen seines aus-
schweifenden Lebensstils waren Übergewicht, Diabetes

und faulige Zähne – aber das muss die
Nachwelt ja nicht wissen. Dachten sich
die Bürger der Neustadt, deren abge-
branntes Viertel der Kurfürst im schicken Barockstil wiederaufgebaut hatte,
und schenkten ihm ein goldglänzendes
Standbild, das dem beleibten Herrscher enorm schmeichelt. Wer von der
Altstadt über die Augustusbrücke flaniert, stößt am Neustädter Markt auf
den Goldenen Reiter und kann dem
Herrscher von unten auf die Sohlen
seiner römischen Sandalen schauen.

9 **Pfunds Molkerei:** Ein Milchladen soll eines der zehn Highlights von Dresden sein? Viel mehr: Pfunds Molkerei gilt als schönster Milchladen der Welt. Wer in den kleinen Verkaufsraum an der Bautzner Straße 79 tritt, wird geradezu erschlagen von den Motiven der handbemalten Majolika-Fliesen, die Boden, Wände und Decke überziehen. Mit offenem

Mund stehen die Touristen da und staunen über Blumenranken, fantastische Tierwesen und nackte Engel, die Milchkrüge halten. Die Fliesen stammen übrigens nicht, wie man vermuten könnte, aus der Porzellanmanufaktur Meißen, sondern von der Dresdner Steingutfabrik Villeroy & Boch.

10 **Schlosspark Pillnitz:** Im Schatten der Weinberge nahe dem Dorf Pillnitz erbaute August der Starke ein fantastisches Lustschloss im angesagten chinoisen Stil, umgeben von einer weitläufigen Parkanlage. Zur Sommerfrische nutzte es erst der Urenkel des Kurfürsten so richtig, der das Schloss nach einem Großbrand neu errichten musste. 1801 pflanzte er die große japanische Kamelie, die bis heute den Winter in einem fahrbaren, klimatisierten Glashaus überdauert und in jedem Frühjahr wunderschön erblüht. Auch wenn der Schlosspark etwas weiter draußen liegt, sollte man Dresden nicht verlassen, ohne ihn besucht zu haben – und am besten gleich noch die umliegenden Weinberge (siehe Tipp 37, Seite 202)!

Kurioses und Besonderheiten

AUS DRESDEN

Dresden ist eine ganz besondere Stadt – und das sage ich nicht nur, weil ich hier seit über 40 Jahren lebe! Einige Kuriositäten und Besonderheiten möchte ich Ihnen gern vorstellen.

✓ Dresden ist eine der grünsten Städte Europas, fast zwei Drittel seiner Fläche sind Parks, Wiesen und Wälder. Das Stadtgrün finden Sie in vielen kleinen und großen Parks – der größte und schönste ist der Große Garten südöstlich des Stadtzentrums, durch den sogar eine kleine Eisenbahn tuckert –, aber auch auf den bis zu 400 Meter breiten Elbwiesen und in der Flutrinne, die das Wasser der Elbe bei Hochwasser aufnimmt. Die Gartenstadt Hellerau entstand 1909 als erste deutsche Modellsiedlung für ein gesünderes Leben und auf den Hellerbergen liegt die größte Kleingartenanlage Deutschlands.

✓ Apropos grün: Dresden hat auch einen Wald direkt im Stadtgebiet. Die Dresdner Heide, einer der größten Stadtwälder Deutschlands, wächst von Norden bis an die Äußere Neustadt und den Weißen Hirsch heran. Durchzogen von jahrhundertealten Wegen mit geheimnisvollen Wegzeichen und neuerdings wieder bewohnt von einem Wolfsrudel, prägt sie das Stadtklima.

✓ Lage, Lage, Lage, sagt man. Dresdens Lage in einem Talkessel sorgt nicht nur für schöne Blicke auf die Stadt vom Stadtrand. Es führt auch dazu, dass es in Dresden ziemlich selten regnet – und dass man hier zur DDR-Zeit kein Westfernsehen über Antenne empfangen konnte.

✓ Dresden wird quasi halbiert von der Elbe, die sich in mehreren großen Schleifen über 30 Kilometer durch das Stadtzentrum zieht. Ihre Ufer sind breite Wiesen, auf denen gepicknickt und Konzerten gelauscht wird, wo Schafe und Pferde weiden.

✓ Land unter in Dresden! Heißt es immer mal wieder, wenn die Elbe über die Ufer tritt. 2002 war es besonders drastisch, als sich Elbe, Mulde und Weißeritz gleichzeitig aus ihren Flussbetten erhoben. Die Flutmarken von 2002 und 2013, aber auch von 1857 findet man an vielen Hauswänden in den flussnahen Stadtvierteln Laubegast und Loschwitz. Damit solche Katastrophen nicht mehr passieren, wird Dresdens Innenstadt heute von raffinierten versenkbaren Flutschutztoren geschützt.

✓ Dresden ist die einzige Stadt der Welt (!), die einen Weltkulturerbetitel wieder verloren hat. Und das sehenden Auges. So schön Dresden auch sein mag – dass man für den Bau einer weiteren Elbbrücke bereit war, den erst kurz zuvor  verliehenen Titel des Weltkulturerbes in den Wind zu schießen, sorgte 2012 international für Bestürzung und Kopfschütteln. Ob es die Waldschlösschenbrücke wert war, darüber sind sich die Dresdner heute noch nicht einig.

✓ Die Bunte Republik Neustadt wird jedes Jahr im Juni gefeiert; zuerst wollten die Bewohner des verfallenden Stadt-viertels wirklich eine eigene Republik gründen und gaben sogar eine eigene Währung heraus. Die BRN hat sich zu einem der größten und buntesten Straßenfeste Deutschlands weiterentwickelt und hält den Ruf der Äußeren Neustadt als durchgeknalltes Szeneviertel trotz der schleichenden Gentrifizierung aufrecht.

✓ Dass Dresden mehrere Jahre in Folge den Titel der geburtenstärksten Stadt Deutschlands einheimste, verdankte es ebenfalls der Äußeren Neustadt. Hier werden auch in innerstädtischen Rankings stets die meisten Kinder geboren.

✓ Die Semperoper, erbaut von Gottfried Semper und in ihrer Geschichte zweimal niedergebrannt und wiederaufgebaut, ist vielleicht noch berühmter als die Frauenkirche. Immerhin tritt das prunkvolle Opernhaus seit Jahren in einem immer gleichen Werbespot auf. Allerdings wird die Oper von der Hälfte der Zuschauer fälschlich für den Sitz einer Brauerei gehalten – Touristen fragen immer wieder erstaunt nach, wo denn hier das Radeberger Pilsner gebraut würde. PR-Clou oder PR-Supergau, das ist die Frage.

✓ Der Striezelmarkt, Dresdens größter Weihnachtsmarkt auf dem Altmarkt im Stadtzentrum, ist einer der ältesten Weihnachtsmärkte der Welt und neben dem Christkindlesmarkt in Nürnberg wohl der berühmteste. Seinen Namen hat der fast

600 Jahre alte Markt, der für die weltgrößte erzgebirgische Stufenpyramide, ein Eingangstor in Form des weltgrößten Schwibbogens und die Auftritte des Dresdner Kreuzchors bekannt ist, vom „Striezel", dem typischen Dresdner Stollen. Am Eröffnungstag des Striezelmarkts wird ein riesiger Stollen angeschnitten, dessen Länge der aktuellen Jahreszahl entspricht: Im Jahr 2021 wird der Striezel also 20,21 Meter lang sein.

✓ Die Dresdner sind ein erfinderisches Völkchen, sie ertüftelten unter anderem den Kaffeefilter, das Mundwasser, die Kondensmilch, den Teebeutel und den BH. In Dresdens Schokoladenmanufakturen wurden die Milchschokolade, der Adventskalender und der Dominostein erdacht. Keine von ihnen überlebte den Zweiten Weltkrieg und die DDR-Zeit. Aber immerhin überlebte „Nudossi", die laut Stiftung Ökotest beste Schokoladencreme, die Treuhand-Abwicklung und ist heute ein leckeres Mitbringsel.

✓ Wo wir schon bei Geschäften sind: In Dresden steht nicht nur der schönste Milchladen der Welt (Pfunds Molkerei ist offiziell im Guiness Buch der Rekorde registriert), sondern auch der schönste und gleichzeitig kleinste Elektroladen der Welt. Wer sich auf der Sebnitzer Straße in der Äußeren Neustadt tief hinunterbückt, kann die detailgetreu gestaltete Ladenfront auf Schuhniveau entdecken, deren etwa 15 Zentimeter hohe Schaufenster regelmäßig neu gestaltet werden. Die Fassade wird, stadtteiltypisch, von winzigen Graffiti geschmückt ...

SCHWEDEN

DÄNEMARK

Ostsee

Nordsee

Kiel

SCHLESWIG
HOLSTEIN

MECKLENBURG
VORPOMMERN

HAMBURG

Schwerin

BREMEN

BRANDENBURG

POLEN

NIEDERSACHSEN

Hannover

Berlin

Magdeburg

Potsdam

NORDRHEIN-
WESTFALEN

SACHSEN-
ANHALT

Düsseldorf

SACHSEN

Dresden

Erfurt

HESSEN

THÜRINGEN

Wiesbaden

Mainz

RHEINLAND-
PFALZ

TSCHECHIEN

FRANKREICH

BAYERN

Stuttgart

BADEN-
WÜRTTEMBERG

München

ÖSTERREICH

SCHWEIZ

26

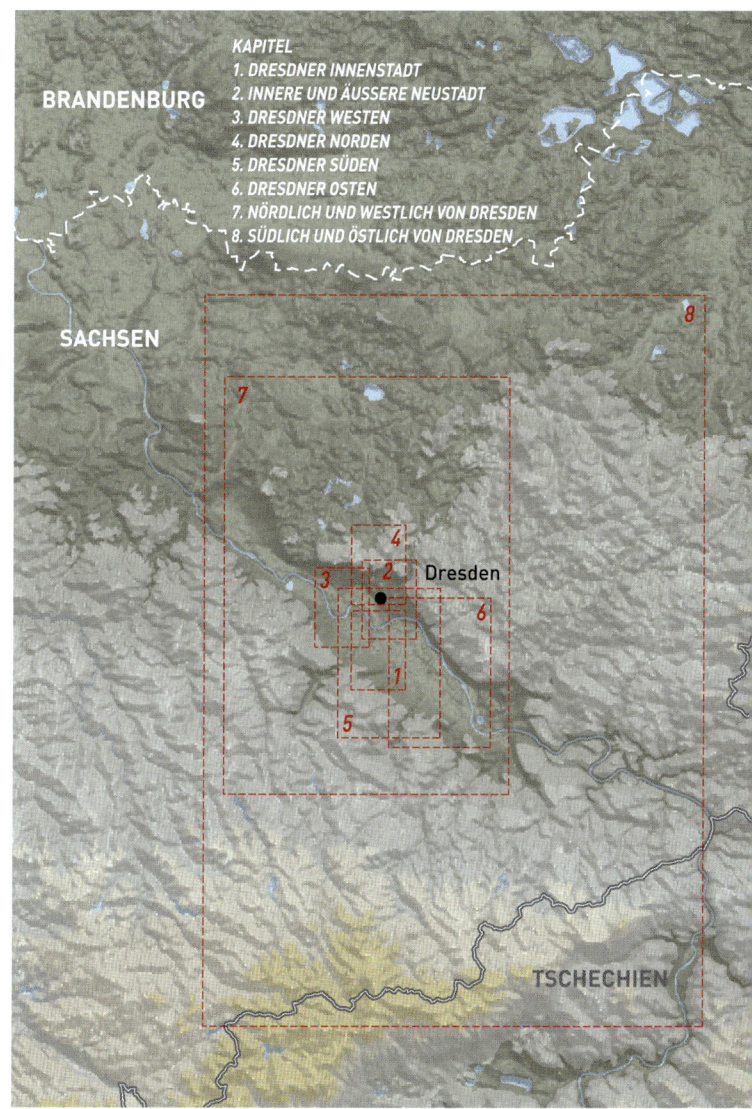

KAPITEL
1. DRESDNER INNENSTADT
2. INNERE UND ÄUSSERE NEUSTADT
3. DRESDNER WESTEN
4. DRESDNER NORDEN
5. DRESDNER SÜDEN
6. DRESDNER OSTEN
7. NÖRDLICH UND WESTLICH VON DRESDEN
8. SÜDLICH UND ÖSTLICH VON DRESDEN

BRANDENBURG

SACHSEN

Dresden

TSCHECHIEN

Dresdner Innenstadt

Nein, das ist nicht die Radeberger Brauerei, sondern die weltberühmte Semperoper

Dresdner Innenstadt

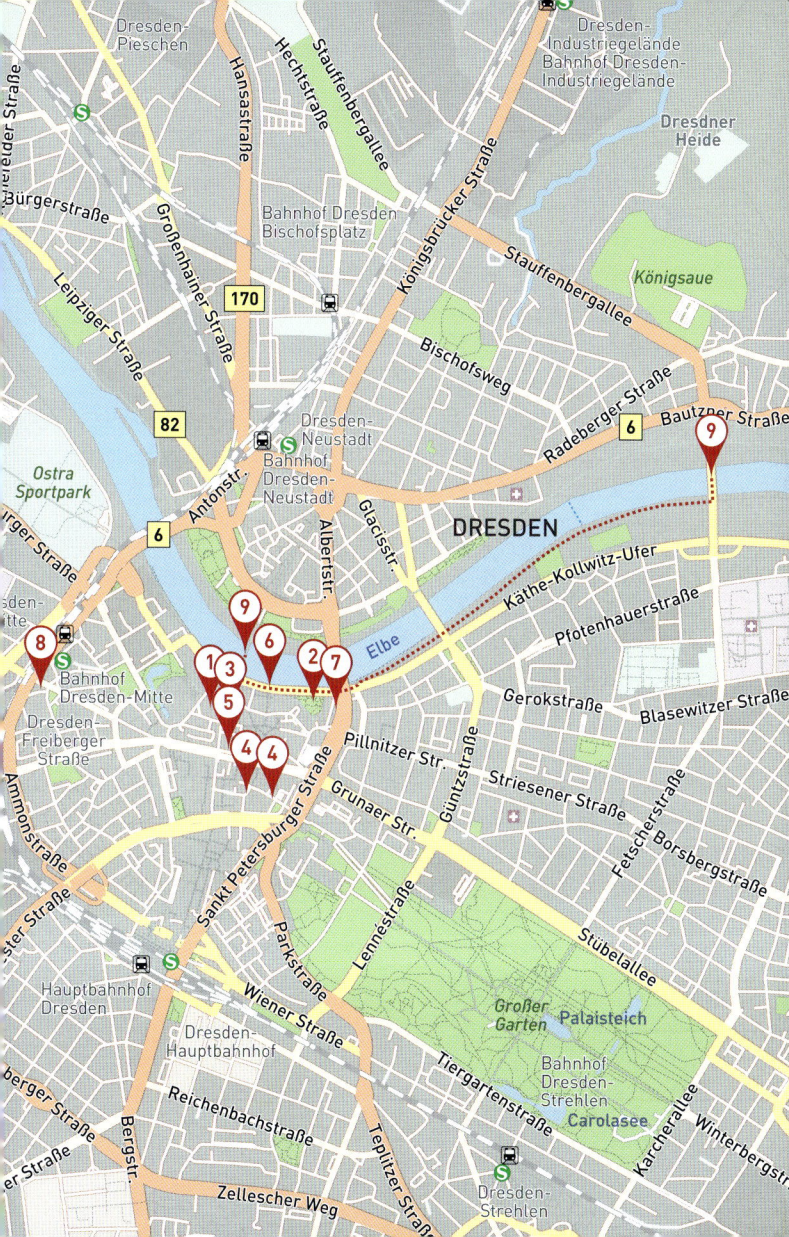

1 Das Neue Grüne Gewölbe

SCHÄTZE OHNE ENDE (UND OHNE ANSTEHEN)

Der heutige Neorenaissance-Bau war 1701 abgebrannt und wurde unter August dem Starken im Barockstil wieder aufgebaut; nur um im Zweiten Weltkrieg erneut in Trümmer gelegt zu werden. Dann lagen die rußgeschwärzten Mauern brach, bis 1985 das Schloss zum zweiten Mal wieder aufgebaut wurde, um die Staatlichen Kunstsammlungen zu beherbergen.

Durch das historische Zentrum von Dresden wogen Besuchermassen, die den Kopf immer wieder staunend zur Kuppel der Frauenkirche heben. Der wahre Mittelpunkt der Altstadt ist aber das Residenzschloss – immerhin über fünf Jahrhunderte Sitz der sächsischen Kurfürsten und Könige. Wer wann hier residierte, zeigt der Fürstenzug, der sich an der Nordseite des Schlosses entlangzieht.

Heute kann man zwischen dem Georgentor im Norden und dem Taschenberg am südlichen Ende vom Münzkabinett durch den Riesensaal und weiter in die Türckische Cammer wandeln, der neueste Zugang sind die Paraderäume des Kurfürsten Friedrich August I.

Was Touristen aus aller Welt herzieht, ist das sagenhafte Historische Grüne Gewölbe. Seit 2006 kann man es wieder dort bewundern, wo August der Starke seinen Besuchern die Ergebnisse seiner Sammelleidenschaft präsentierte. Der eitle Kurfürst hatte schon 1724 verfügt, dass auch einfache Bürger seine kostbaren Preziosen, die filigranen Werke aus Porzellan und die feinmechanischen

Meisterstücke sehen durften, die in den Gewölberäumen mit den malachitgrün gestrichenen Säulen lagerten – und erfand damit das Museum, das er „Wunderkammer" nannte.

In langen Warteschlangen stehen Besucher heute im modern überdachten Innenhof des Residenzschlosses und warten auf ihr Zeitfenster für den Eintritt ins Historische Grüne Gewölbe. Die neun Säle mit den mehr als 3000 Objekten sind zweifellos sehenswert. Und nach dem spektakulären Raub dreier Schmuckgarnituren (der immer noch nicht vollständig aufgeklärt ist) mischt sich wohl auch der eine oder andere Sensationslustige unter die kunstinteressierten Besucher.

Der modern überdachte Lichthof führt ins Grüne Gewölbe

Viel einfacher kommt man in das Neue Grüne Gewölbe im ersten Stock des Schlosses! In diesen Ausstellungsräumen stehen sowieso die spannenderen Schätze. Da wäre zum Beispiel das „Goldene Kaffeezeug" aus gefälschtem Porzellan, unter dessen Tablett sich eine türkische Tänzerin verbirgt – die man nur entdeckt, wenn man sich tief hinunterbückt. Im Mikrokabinett hängt ein echtes Wunder: ein Kirschkern, in den ein unbekannter Künstler 185 Gesichter mit verschiedenen Gesichtsausdrücken eingraviert hat. Es gibt sogar ein echtes Einhorn-Horn! (Psst: Es ist der Stoßzahn eines Narwals. Aber dem Kurfürsten schien die Existenz von Einhörnern wohl realistischer.)

Im Residenzschloss sind viele Ausstellungen untergebracht

KUPFERSTICH-KABINETT
ZEICHNUNGEN, DRUCKGRAPHIK
UND PHOTOGRAPHIE
PRINTS, DRAWINGS AND PHOTOGRAPHS

STUDIENSAAL
STUDY ROOM

TÜRCKISCHE CAMMER
OSMANISCHE KUNST AUS FÜNF JAHRHUNDERTEN
OTTOMAN ART OF FIVE CENTURIES

NEUES GRÜNES GEWÖLBE
MUSEUM FÜR SCHATZKUNST
TREASURY ART MUSEUM

HANS-NADLER-SAAL

HISTORISCHES GRÜNES GEWÖLBE
BAROCKE SCHATZKAMMER
BAROQUE TREASURE CHAMBRE

ONNENGEWÖLBE

Der „Hofstaat zu Delhi": eine goldene Puppenstube

Die meisten Besucher stauen sich vor der Vitrine mit dem „Hofstaat zu Delhi am Geburtstag des Großmoguls Aureng Zeb", einer unglaublich detaillierten royalen Puppenstube mit 137 goldenen Soldaten, Dienern, Elefanten und Kamelen. Die Figuren sind alle beweglich und wurden zum Spielen benutzt. Fraglich ist nur, von wem? Vorbild für den Puppenherrscher war der Großmogul Aureng Zeb, dessen Ruhm im 16. Jahrhundert bis nach Europa reichte. Der sächsische Kurfürst wollte auch so reich und mächtig erscheinen und freute sich deshalb, als sein Hof-Goldschmied Johann Melchior Dinglinger ihm die Puppenstube präsentierte. Sieben Jahre hatte er mit seinen Brüdern an dem Kunstwerk gebastelt, das mit 5223 Diamanten, 189 Rubinen und 175 Smaragden besetzt ist.

Für den Kaufpreis von 60.000 Talern hätte Friedrich August I. auch 1000 Staatsbeamte ein Jahr lang bezahlen oder das Jagdschloss Moritzburg ein zweites Mal erbauen können. Komplett abbezahlt hat er das Kunstwerk nie, der Krieg mit Schweden kam dazwischen. Dinglinger wurde auch so einer der reichsten Dresdner seiner Zeit. Im Neuen Grünen Gewölbe finden sich noch viele andere Meisterwerke von ihm.

Details am Osteingang zum Residenzschloss

Wesentlich mehr Geld nahm August der III., der Sohn des Starken, in die Hand, um ein weiteres weltweit einzigartiges Museumsstück zu erwerben: 400.000 Taler soll der 41-karätige Grüne Diamant gekostet haben, ein Teil der sächsischen Kronjuwelen, der heute im letzten Saal des Neuen Grünen Gewölbes zu sehen ist – nicht verpassen!

Lage:
im Residenzschloss, Taschenberg 2, 01067 Dresden, barrierefreier Eingang über Schloßstraße; Tel.: 0351 4914 2000

Anfahrt: Parken in der Tiefgarage unter dem Altmarkt, im Haus am Zwinger, im Contipark an der Semperoper oder im Q-Park Frauenkirche; stressfreier ist die Anfahrt mit Straßenbahnlinie 1/2/4 zur Haltestelle Wilsdruffer Straße oder Straßenbahnlinie 7/10/11/12 und Buslinie 62/75 zur Haltestelle Postplatz.

Öffnungszeiten: Mittwoch bis Montag 10 bis 17 Uhr, Freitag bis 20 Uhr

Eintritt: 14 EUR, freier Eintritt für alle Kinder bis 17 Jahre und am Geburtstag. Die Tickets gelten für alle Ausstellungen im Residenzschloss außer für das Historische Grüne Gewölbe!

Website: *gruenes-gewoelbe.skd.museum*

2 Der Brühlsche Garten

IDYLL IM KITSCH

Die Brühlsche Terrasse hat ihren Beinamen „Balkon Europas" verdient. Wer am Georgentor über die Freitreppe zwischen den Skulpturen der „Vier Tageszeiten" hinaufsteigt, unter den Würfelbäumen zum Planetendenkmal am Treppenaufgang zur Münzgasse spaziert und sich umdreht, gewahrt ehrfürchtig den Turm der Hofkirche, der vor der Augustus-brücke thront.

In der anderen Richtung dominiert die gläserne Kuppel der Kunstakademie mit dem goldenen Engel, im Volksmund „Zitronenpresse" genannt, den Blick – bis man die noch trutzigere Kuppel der Frauenkirche dahinter erblickt. Zehn Meter tiefer fließt träge die Elbe und bringt die Dampfer der Weißen Flotte zu ihren Kaffeefahrten nach Pillnitz oder ins Elbsandsteingebirge. Winken nicht vergessen!

Nach diesen imposanten Eindrücken sinken die meisten Besucher andächtig auf eine Bank. Dabei wird die Brühlsche Terrasse jetzt erst richtig schön. An ihrem östlichen Ende beginnt hinter dem Delfinbrunnen der Brühlsche Garten. Wo der Bodenbelag von Steinplatten zu Kies wechselt, verändert sich die Atmo-

Im Brühlschen Garten genießt man idyllische Ruhe mitten im Zentrum

sphäre – statt knipsender Touristen sieht man Mütter mit Kinderwagen oder Pärchen, die den Blick von der Jungfernbastei genießen oder unter Bäumen im hohen Gras liegen. Der fürstliche Garten, der zwischen 1739 und 1748 als privater Lustgarten von Graf Heinrich von Brühl angelegt wurde, ist großteils das Ergebnis von Rekonstruktionen; nur der Delfinbrunnen ist noch ein Originalteil. Ursprünglich zog sich der Park über die gesamte Länge der Terrasse.

Ihren Zweck als Bollwerk gegen Feinde hatte die trutzige Wehranlage nach dem Sieg über Napoleon verloren und war jetzt ein Hindernis für den Ausbau der Stadt; also ließ August der Starke sie abtragen. Dabei hatte Herzog Moritz seine Stadt erst in der Mitte des 16. Jahrhunderts mit einer Wehranlage auf dem neuesten Stand der Technik umgeben. Bis zu 40 Meter dicke Wälle umringten die Stadt sternförmig, in Abständen waren pfeilförmige Bastionen platziert, aus denen man in alle Richtungen schießen konnte. Im Inneren der Mauer lag eine Festung samt Zeughaus für Kanonen, Waffen und Unterkünften für die Soldaten.

Treppenaufgang zum Brühlschen Garten vom Georg-Treu-Platz (rechts das Albertinum)

Der Delfinbrunnen ist das letzte Originalteil hier

Das Moritzmonument an der Nordostecke der Brühlschen Terrasse ist Dresdens ältestes Denkmal. Es lohnt sich, ans Terrassenufer zu laufen und es genau anzuschauen: Die Szene, in der Kurfürst Moritz seinem Bruder August (nicht dem Starken!) unter dem drohenden Blick des Todes das Kurschwert übergibt, erzählt von einem kurzen Leben. Moritz, der große Pläne hatte und Kaiser werden wollte, starb mit 32 Jahren in der Schlacht bei Sievershausen durch einen Schuss in den Rücken.

Als Dresden im 18. Jahrhundert „entfestigt" und von seiner Stadtmauer befreit wurde, rettete Graf von Brühl, Geheimrat und Premierminister am Hof von August dem Starken und seinem Sohn, den letzten Abschnitt. Er schüttete die Gewölbe zu und schuf die Brühlsche Terrasse. Neben dem Garten ließ er eine Galerie, eine Bibliothek, ein Lustschloss und weitere Gebäude errichten – die „Brühlschen Herrlichkeiten".

Erst nach seinem Tod wurde die Brühlsche Terrasse für die Dresdner Bevölkerung geöffnet. Wie schön muss es hier gewesen sein, als noch das Belvedere stand, in dem man bei Kaffee und Kuchen den Blick auf die Neustädter Elbseite genießen konnte. Das Gebäude, in dessen Keller Johann Friedrich Böttger das Porzellan erfand, wurde 1945 zerstört und soll nicht wieder aufgebaut werden.

Der verwunschene Garten ist die einzige erhaltene „Herrlichkeit". Neben den Traumblicken, den rauschenden Bäumen und einigen Skulpturen, die an Gerhard Richter, Caspar David Friedrich und Böttger erinnern, findet man hier einen Geheimtipp, den alle Dresdner*innen kennen: August der Starke prahlte gern mit seiner Stärke. Er zerbrach Hufeisen, zerdrückte Zinnbecher, zeugte (angeblich) 365 uneheliche Kinder und – drückte seinen Daumen in das Geländer der Brühlschen Terrasse. Auch wenn diese Geschichte nicht stimmt (das Geländer wurde viel später dort angebracht), gibt sie jeder zum Besten.

Was sich in den zugeschütteten Gewölben unter der Brühlschen Terrasse verbarg, grub man nach der Wende wieder aus: Die

Das Ludwig-Richter-Denkmal vor dem Albertinum

Spuren des alten Dresdens, ein Gewirr von dunklen Wehrgängen, vergessenen Wachstuben und ein überbautes Stadttor, kann man in der „Festung Experience" erkunden. Die Hochwassermarken der letzten 450 Jahre zeigen, dass die Brühlsche Terrasse heute noch ihren Zweck erfüllt: Sie schützt die Dresdner vor ihrem letzten Feind.

Lage:
am Altstädter Elbufer zwischen Augustusbrücke und Carolabrücke; Treppenzugang vom Georg-Treu-Platz oder vom Hasenberg, Straßenzugang an der Jungfernbastei. Ein Aufzug neben der Freitreppe ermöglicht den barrierefreien Zugang auch am Nordende der Brühlschen Terrasse.

- Vom Brühlschen Garten hat man Zugang zur Kunstakademie im Lipsius-Bau, zur Festung Dresden mit der „Festung Experience" und zum Albertinum mit der Galerie Neue Meister und der Skulpturensammlung.
- Der königliche Daumenabdruck ist nirgends markiert; Tipp: in der Nähe des Böttger-Denkmals suchen, ziemlich genau gegenüber der Neuen Synagoge.

Anfahrt: Parkmöglichkeiten in der Tiefgarage An der Frauenkirche oder auf dem Parkplatz Schießgasse; günstiger und stressfreier mit Straßenbahnlinie 3/7 Haltestelle Synagoge, von hier aus Zugang über den Hasenberg/ Tzschirnerplatz

Öffnungszeiten: immer

Eintritt: nichts

Restaurant:
- Café Brühlscher Garten: liegt direkt neben dem Original und dem Albertinum; täglich ab 7:30 Uhr, warme Küche bis 22 Uhr; Tel.: 0351 481 890 1, *bruehlscher-garten.de*

Website: *tourdresden.de/highlights/der-balkon-europas*

3 Das Camondas Schokoladenmuseum

KÖSTLICH, KÖSTLICH!

Museumsbesuche sind anstrengend. Wie gut, dass direkt gegenüber dem Eingang zum Residenzschloss die Chocolaterie „Camondas" liegt, wo man eine feine Trinkschokolade oder ein köstliches Schokoladeneis genießen kann.

Nach der verdienten Stärkung soll es gleich weitergehen mit der Kultur? Moment! Wer eine halbe Stunde übrig hat und Schokolade mag, der kann hier direkt im Hinterstübchen des Schokoladen-Shops ein kleines, aber sehr feines Museum entdecken. Im 2018 neu eröffneten Schokoladenmuseum wartet eine ganze Reihe an Überraschungen, und zwar nicht nur für Schokoladen-Liebhaber. Hier zeigt sich eine ganz neue Facette der Barockstadt: Kaum ein Dresden-Reiseführer erzählt davon, dass Dresden im 19. Jahrhundert einer der weltgrößten Erzeuger von feinsten Schokoladenerzeugnissen war.

Kakao und Schokolade waren lange Zeit kein Naschwerk für Kinder, sondern extrem teure Delikatessen aus dem fernen Amerika, die man mit Andacht verzehrte, wenn man sie sich überhaupt leisten konnte. Und die Schokolade war nicht einmal süß! Vielmehr sollte sie gesund sein. Von Kurfürst August dem Starken wird erzählt, dass er sich jeden Morgen eine Trinkschokolade ans Bett bringen ließ, und zwar standesgemäß von einem „Schokoladenmohren" in speziellem Schokoladengeschirr aus Meißner Porzellan.

Der Graf von Brühl, der von neidischen Zeitgenossen für seine Verschwendungssucht kritisiert wurde (und Dresden an den Rand des Bankrotts führte), hatte in einem eigens angelegten „Chocoladen-Gewölbe" neun Zentner der begehrten braunen Köstlichkeit gehamstert. Als der Premierminister des Kurfürsten starb, verkaufte man seinen Nachlass, wodurch die Schokolade in Dresden vom seltenen Luxusgut zur Alltagsleckerei wurde – Angebot und Nachfrage.

Damals, in den guten alten Zeiten, waren in der sächsischen Metropole mehr als 30 Schokoladenmanufakturen und Fabriken ansässig, die 4000 Arbeitskräfte beschäftigten. Im Schokoladenmuseum zeugt davon ein interaktiver Stadtplan, vor dem selbst alteingesessene Dresdner lange staunend stehen. Dresdner Schokoladen-Strategen erfanden den Schokoladen-

Adventskalender und sogar die Milchschokolade (die ursprünglich mit Eselsmilch hergestellt wurde). Schokolade aus Dresden von Jordan & Timaeus oder Hartwig & Vogel genoss Weltruhm.

Der Zweite Weltkrieg und die genussfeindliche DDR-Planwirtschaft waren das Aus für die Dresdner Schokoladenkultur. Keine einzige Fabrik überlebte die DDR-Zeit. Erst in den letzten Jahren wurden wieder einige kleine Manufakturen gegründet, deren Schokoladen man im Camondas-Shop kaufen kann.

Warum gute Schokolade ihren Preis hat und warum man sie mit Genuss im Mund schmelzen lassen sollte, vermitteln die wenigen Ausstellungsräume des Schokoladenmuseums mit klug ausgewählten Exponaten und Beispielen. Und weil man Schokolade nicht erklären, sondern schmecken muss, kommt jeder in den (buchstäblichen) Genuss einer Verkostung mit allen Sinnen. Im direkten Vergleich und unter fachkundiger Anleitung lernt man, welche Zutaten in der preiswerten Supermarktschokolade vermischt werden und wie dort Geschmack quasi erschwindelt wird. Merke: Je besser eine Schokolade schmeckt, desto weniger Bestandteile hat sie. Und die kosten nun mal mehr als billige Ersatzstoffe. Qualität hat ihren Preis, aber sie schmeckt eben auch besser!

Das „Camondas" ist gleichzeitig Shop, Museum und Café

Die Museumsleiterin schmunzelt immer wieder, wenn sie Fans handelsüblicher Schokolade von edlem Criollo-Kakao überzeugen kann und am Ende der Führung die liegengebliebenen Verkostungstäfelchen der Billig-Schokolade entsorgen muss. Wer einmal gute Schokolade gekostet hat, der gibt sich nicht mehr mit Durchschnittsware zufrieden!

Curry, Pfeffer oder Salz machen Schokolade erst interessant

Lage:
Schlossstraße 22, 01067 Dresden, gegenüber dem Eingang zum Residenzschloss; Tel.: 0351 3202 9191

Anfahrt: Parken in der Tiefgarage unter dem Altmarkt, im Haus am Zwinger, im Contipark an der Semperoper oder im Q-Park Frauenkirche; stressfreier ist die Anfahrt mit Straßenbahnlinie 1/2/4 zur Haltestelle Wilsdruffer Straße oder Straßenbahnlinie 7/10/11/12 und Buslinie 62/75 zur Haltestelle Postplatz.

Öffnungszeiten: Mittwoch bis Montag 11 bis 18 Uhr

Eintritt: Erwachsene 5 EUR, Kinder (7 bis 14 Jahre) 3 EUR, Familienkarte (max. zwei Kinder) 15 EUR, kleine Familienkarte (ein Erwachsener, max. drei Kinder) 10 EUR

Website: *camondas.de/schokoladenmuseum*

HINWEIS: Eine Mini-Filiale des „Camondas" liegt gleich um die Ecke an der Frauenkirche. Drei Schritte weiter an der Sporergasse ist eine weitere Außenstelle, die teures, aber tolles Eis verkauft.

4 Die Breslauer Zwerge

BOTSCHAFTER AUS POLEN

Den Zwerg wählte der Kunststudent Waldemar Fydrych als Symbol, weil die kleinen Kerle in vielen Märchen als listig und hilfreich gelten; aber sicherlich auch, weil Künstler in den Niederlanden einige Jahre zuvor ebenfalls mit Zwergen ("Kaboutern") gegen Konsumismus und Umweltverschmutzung protestiert hatten.

In Dresden kann man an einigen Orten kleine Zwerge entdecken. Hübsch sehen sie aus, aber warum stehen sie hier? Dazu muss man wissen, dass in Breslau genau solche Kunstwerke ebenfalls zu sehen sind. Die „Krasnale" waren ursprünglich ein Kunstprojekt der politischen Oppositionsbewegung „Orangene Alternative", die Kritik an der kommunistischen Regierung übte.

Die polnischen Aktivisten waren nicht so dumm, sich offen gegen das System zu richten; das hätte ihnen Gefängnisstrafen eingebracht und wohl nichts bewirkt (die Niederschlagung des Prager Frühlings 1968 und der Arbeiteraufstände in Berlin 1953 waren eindrucksvoll gewesen). Stattdessen demonstrierten sie mit orangefarbenen Zwergenmützen auf dem Kopf gegen die Sommerhitze, sangen im Chor „Wir lieben Lenin!" oder verteilten chronisch knappes Klopapier. Wieso hätte man sie dafür verhaften sollen?

Der eine gusseiserne Zwerg, der damals im Zentrum von Breslau aufgestellt worden war, verschwand schnell wieder. Im Sommer 2001 tauchte er jedoch wieder auf –

**Ein Zwerg aus Breslau hält vor dem Spring-
brunnen am Rathaus zwei Stadtwappen hoch ...**

... sein Genosse steht mit Koffer und Sonnenblume vor dem „Ratskeller".

lustigerweise erneut als Projekt von Kunststudenten, die an die Geschichte ihrer Stadt anknüpfen wollten. Sie platzierten ihren Zwerg, der nur handtellergroß war, an der Swidnicka-Straße, wo die „Orange Alternative" sich in den 1980er-Jahren häufig getroffen hatte. Von da an erlebten die Breslauer Zwerge ein beachtliches Revival: Binnen weniger Jahre wurden Hunderte von ihnen angefertigt und im ganzen Stadtgebiet aufgestellt, aktuell sollen es über 600 sein. Jeder der maximal kniehohen Gesellen ist mit einem GPS-Sender ausgestattet, um Diebstahl vorzubeugen. Mitnehmen soll man sie bitte nicht, aber erlaubt ist es durchaus, die gefundenen Zwerge in einer App zu „sammeln" – eine beliebte Aktivität von Breslau-Besuchern. Die Tourist-Info gibt zu diesem Zweck sogar einen Zwergenstadtplan heraus.

Statt Protest zu äußern, sind die Zwerge kleine Tourismusbotschafter von Breslau geworden. Hunderte winzige bronzene

Gesellen bevölkern heute die Innenstadt der polnischen Stadt Wrocław (oder Breslau) – sie hängen an Laternen, stehen auf Ausflugsbooten, lugen um Häuserecken herum oder hocken auf Fensterbrettern.

Genau in dieser Funktion haben die „Krasnale" im Jahr 2014 einen Vertreter ihrer Zunft nach Dresden geschickt. Die 270 Kilometer entfernte Elbmetropole ist nämlich seit 1959 Partnerstadt von Wrocław. Was wäre passender, als dieses Bündnis mit einem hilfreichen Zwerg zu besiegeln? Der Kleine sitzt etwas verschämt am Fuß des Hietzigbrunnens, der umgeben von parkenden Autos an der Seite des Rathauses steht, und hält die Stadtwappen der beiden Partnerstädte hoch. Damit er nicht allzu allein ist, bekam er 2019 Gesellschaft: Ein weiterer Zwerg, mit einem Koffer und einer Sonnenblume ausgestattet, steht – auf Wunsch der Dresdner, die darüber abstimmen durften – eine Ecke weiter am Eingang zum Ratskeller und begrüßt dort die Gäste. Wenn das so weitergeht, ist auch Dresden in zehn Jahren von Zwergen bevölkert …

Info

Lage:
- Breslauer Partnerzwerg am Hietzigbrunnen: auf der Schulgasse zwischen Rathaus und Kreuzkirche
- Breslauer Partnerzwerg am Ratskeller: an der südlichen Ecke des Rathauses, links vom Haupteingang

Anfahrt: Zufahrt über Ringstraße/Schulgasse; Parken auf dem Parkplatz Pirnaischer Platz, Dr.-Külz-Ring oder in den Parkhäusern der Innenstadt; mit Straßenbahnlinien 7/10/11/12 oder Buslinie 62/75 Haltestelle Prager Straße oder zu Fuß über den Altmarkt, vorbei an der Kreuzkirche

Öffnungszeiten: immer

Eintritt: nichts

5 Kulturpalast

VERSÖHNUNG MIT DER DDR-ARCHITEKTUR

Lange stand der Kulturpalast verschämt an der Nordseite des Altmarkts und trennte das in neuem Glanz erstrahlende historische Zentrum um die Frauenkirche von der immer noch an die DDR-Ästhetik erinnernden Prager Straße. Sollte man ihn abreißen wie seinen Kollegen in Berlin?

1969, als der Großteil der Innenstadt noch in Trümmern lag, erbaute man den Kulturpalast als Vorzeigeprojekt des Sozialismus – genau in der Mitte der historischen Altstadt, aus modernem Beton, mit einer blitzenden Glasfront und einem Kupferdach in Form eines Napfkuchens.

Der größte Mehrzwecksaal der Stadt entwickelte sich zum neuen kulturellen Zentrum. Hier fanden Konzerte der Dresdner Philharmonie und der Sächsischen Staatskapelle statt, der Kreuzchor und das Moskauer Bolschoi-Theater gastierten, die „Brückenmännchen"-Musicals hatten Kultstatus und bei Dixieland-Festivals wippte ganz Dresden mit. Der Saal mit 2000 Plätzen, das höhenverstellbare Parkett, die drehbare Bühne und Luxusmaterialien wie Marmor und Granit zeigten den Dresdnern, dass es vorwärtsging im Sozialismus.

Nach langer Diskussion in den 1990ern entschlossen sich die Dresdner, zu ihrer jüngeren Geschichte zu stehen. Sie stellten den Kulturpalast unter Denkmalschutz und renovierten ihn gründlich. 2017 wurde er wiedereröffnet und feierte 2019 sein 50-jähriges Jubiläum.Und die Menschen waren begeistert. Der Kulturpalast ist als Heimat der Dresdner Philharmonie, des Kabaretts „Die Herkuleskeule" und der Zentralbibliothek ein echtes Kulturzentrum und gleichzeitig ein architektonischer Gegensatz zum benachbarten Neobarockviertel. Er beherbergt einen der akustisch besten Konzertsäle der Welt, der auch architektonisch beeindruckt und von einer speziell entworfenen Orgel gekrönt wird.

Das 30 Meter lange Wandbild „Der Weg der Roten Fahne" durfte nach langer Diskussion über seinen künstlerischen Wert an der Westfassade bleiben. Das detaillierte Bild auf 466 Betonkacheln (der rote Stern besteht dagegen aus Glas) zeigt die Geschichte der Menschheit im Verständnis des Marxismus. Die fahnenschwingende Frau in der Bildmitte erinnert an die Dame, die das französische Volk zur Revolution führen sollte – mit Absicht!

Spannend sind auch die drei Eingangstüren des Kulturpalasts. Ähnlich wie Kirchenportale bestehen sie aus Bronzereliefs, die die Geschichte der Stadt zeigen. Der Künstler Gerd Jaeger hat sich bei den Türen nicht an den Kalender gehalten, weshalb man beim Betrachten etwas verwirrt ist: Die erste Tür zeigt das

Erstrahlt neu in alter Optik: der Kulturpalast

Mittelalter und beginnt ganz links unten, als Dresden 1206 erstmals urkundlich erwähnt wurde, bis zum Drei-ßigjährigen Krieg, als 1632 die Pest kam. Die zweite Tür von links zeigt die Geschichte Dresdens im 19. und frühen 20. Jahrhundert, während die mittlere Tür den Sozialismus zeigt. Auf der rechten Seite geht es wieder rückwärts, in die erste Hälfte des 20. Jahrhunderts und das Barockzeitalter. Eine Tür für das 21. Jahrhundert fehlt noch.

Nun wird es aber Zeit, hineinzugehen; auch ohne Ticket für eine der vielen Veranstaltungen. Das beste am Kulturpalast ist nämlich der Blick hinaus auf den Altmarkt, Dresdens ältesten Platz. Besucher der Zentralbibliothek genießen ihn aus einem der kugelrunden „Sonic Chairs" an den Fensterfronten des Lesesaals. Diese Kuschelsessel sind gleichzeitig akustische Inseln, die man ans Smartphone anschließen und zum Musikhören nutzen kann.

Aber auch im Foyer kann man bei einem Kaffee oder einem Glas Sekt aus dem Bistro den Blick durch die Glasfront auf den Altmarkt richten. Tagsüber herrscht dort buntes Treiben – bei einem der Frühlings- oder Herbstmärkte, beim jährlichen Striezelmarkt (der seit 1434 hier stattfindet) oder einer anderen Groß-veranstaltung.

Sollte das Pflaster einmal leer sein, wirkt der Altmarkt, hinter dem der 92 Meter hohe Turm der Kreuzkirche und der Rathaus-turm aufragen, noch eindrucksvoller. Schwer vorstellbar, dass hier 1945, nach dem Bombardement der Alliierten am 13. Feb-ruar, zwischen den Trümmern Tausende geborgene Leichen lagen. Eine in der ursprünglichen Pflasterung erhaltene Stelle markiert den Punkt, wo die Opfer der Bombennacht in den darauffolgenden Tagen verbrannt wurden. Das Mahnmal ist so unauffällig, dass die meisten Besucher achtlos darüber hinweg-laufen – Ergebnis einer hitzigen Debatte darüber, wie groß eine Gedenkstätte an die Kriegsopfer in Dresden sein darf, das sich seit Jahren mit Vereinnahmungsversuchen von rechts herum-schlägt.

Lage: Schlossstraße 2, 01067 Dresden, Besu-chereingang Wilsdruffer Straße (Front)

Anfahrt: Parken in der Tiefgarage unter dem Altmarkt, im Haus am Zwinger, im Contipark an der Semperoper oder im Q-Park Frauenkirche; Straßen-bahnlinie 1/2/4, Haltestelle Altmarkt

Eintritt: tagsüber und abends ins Gebäude und in die Zentralbibliothek frei

Aktivitäten:
- Ticketservice: Tel.: 0351 4866-866, *ticket@dresdnerphilharmonie.de*
- Bistro: im 1. Stock, geöffnet tagsüber und bei Veranstaltungen
- Zentralbibliothek: im 1. und 2. Stock, Montag bis Samstag 10 bis 19 Uhr, *bibo-dresden.de*

Website: *kulturpalast-dresden.de*

6 Die Weiße Flotte

AUF DER ELBE WOLL'N WIR FAHREN ...

Erst mit den weißen Raddampfern, die tutend vom Terrassenufer in Richtung Pillnitz oder Bad Schandau ziehen, ist Dresdens Stadtbild komplett. Spaziergänger winken den Kaffeefahrt-Gästen auf den Promenadendecks zu und ziehen dann kreischend ihre Picknickdecken ins Trockene, wenn die Bugwellen die Elbe zur Wallung bringen und echte Brecher ans Ufer schicken.

In den vergangenen Sommern floss die Elbe, die uns Dresdner gern mit Hochwassern schreckt, leider immer niedriger dahin. Beherzte konnten sie zu Fuß durchwaten – dabei wird der Fluss von den Städtern eigentlich gern zum Schwimmen genutzt, sommers wie winters. Für die Weiße Flotte bedeutete das dasselbe wie für die Lastkähne aus Tschechien: Schifffahrtsstopp.

Wird die älteste und größte Raddampfer-Flotte der Welt das nächste prominente Opfer des Klimawandels? Insolvenz wurde bereits Anfang 2020 angemeldet, als das Corona-Virus für einen zusätzlichen Einbruch der Einnahmen sorgte.

Dabei fahren die „Gräfin Cosel", die „Pillnitz" und ihre Kolleginnen schon seit 1836 elbauf und elbab, gegründet von geschäftstüchtigen Dresdner Bürgern, zuerst nur mit zögerlicher Erlaubnis des Königs, der sich gegen die Modernisierung sperrte: Warum sollte man die Treidelschiffe, die man vom Ufer aus an Seilen flussaufwärts zerrte, durch Dampfschiffe ersetzen? Die arbeitslosen Treidler haben ihm sicher zugestimmt – an sie erinnern nur noch einige gemauerte Treidelpfade am Ufer.

Dampfschiffe eroberten in den nächsten Jahren die Welt, auch in Sachsen. Hier ertüftelte Mathematikprofessor Johann Andreas Schubert das erste Dresdner Dampfschiff, die „Königin Maria". Nach der ersten Publikumsfahrt von der Marienbrücke bis nach Meißen war der Damm gebrochen: Passagiere fuhren elbabwärts bis nach Dessau und elbaufwärts bis nach Melnik, wo die Moldau in die Elbe mündet.

1901 fuhren 3,4 Millionen Fahrgäste auf den 37 Schiffen der Flotte. Ihren Namen erhielt sie erst 1928, als alle Schiffe weiß gestrichen wurden: nach dem Vorbild der „Great White Fleet" von US-Präsident Roosevelt. Der Zweite Weltkrieg war der Dampfschifffahrt nicht förderlich; die wenigen Schiffe, die in Dresden heil geblieben waren, wurden als Reparationsleistungen von der Sowjetunion einkassiert.

Von vier einsatzfähigen Raddampfern, die die DDR-Zeit überstanden hatten, schafften es zwei in die neue Zeit: Aus „Ernst Thälmann" wurde „August der Starke", die „Wilhelm Pieck" fährt heute als „Gräfin Cosel". Die anderen beiden liegen als schwimmende Jugendherbergen im Neustädter Hafen.

Durch Restaurierungen und Neukäufe wuchs die Flotte wieder langsam bis auf neun Schiffe. Schmuck sehen sie alle aus: von den glasverkleideten, stromlinienförmigen Salonschiffen „Gräfin Cosel" und „August der Starke" bis zur „Diesbar", deren Dampfmaschine seit 1841 stampft und die damit den Rekord als weltweit dienstältester Flussdampfer hält. Die Weiße Flotte ist aber auch in Sachen Digitalisierung voll dabei: Fahrgäste genießen eine automatische, GPS-gesteuerte Streckenerklärung in mehreren Sprachen, Tickets werden online verkauft.

Die Dresdner lieben Kaffeefahrten auf ihren weißen Kähnen. Zu den Dampferparaden am 1. Mai und beim Stadtfest, wenn alle neun Schiffe mit dampfenden Schornsteinen, die beim Passieren der Elbbrücken eingeklappt werden, von der Altstadt nach Pillnitz fahren, winken sich Tausende am Ufer und an Deck zu, und zum Dixieland-Festival im Sommer gehören die weißen Kähne einfach dazu.

Die „Gräfin Cosel" dampfte schon zu DDR-Zeiten die Elbe entlang

Es gibt ja auch nichts Schöneres, als an Deck in der Sonne zu sitzen, ein „Schälchen Heeßen" zu schlürfen und dabei wahlweise die Weinhänge des Meißner Elbtals an sich vorüberziehen zu lassen oder zuzusehen, wie die Sandsteinklippen auf der Fahrt in die Sächsische Schweiz immer höher aufragen. Der Klassiker für Ungeduldige, die keinen halben Tag Zeit haben, ist die Stadtfahrt zwischen dem Terrassenufer und dem Blauen Wunder.

Aber wenn die Passagierzahlen weiter sinken, wie der Wasserstand der Elbe? Ein neuer Investor muss dem historischen Erbe Dresdens neues Wasser unter den Kiel bringen. Ich drücke die Daumen – und bin ziemlich sicher, dass die Dampfer der Weißen Flotte weiterfahren werden. Sie gehören doch einfach zu Dresden!

Info

Lage:
Anlegestelle am Terrassenufer, Höhe Augustusbrücke, vor der Brühlschen Terrasse

Anfahrt: Parken im Parkhaus QF Frauenkirche oder auf dem Parkplatz Schießgasse vor der Polizeidirektion; Bahnlinie 3/7/8/9 bis Haltestelle Synagoge oder 7/9 bis Haltestelle Neustädter Markt und zu Fuß über die Augustusbrücke laufen

Fahrzeiten: Stadtfahrten und Schlösserfahrten starten dreimal täglich am Terrassenufer und in Blasewitz

Tickets: Erwachsene zwischen 7,50 EUR für eine 20-minütige Kurzfahrt und 22 EUR für die einfache Langstrecke bis Bad Schandau bzw. Diesbar, Rückfahrt immer 7 EUR; Kinder unter 6 Jahren sind kostenfrei, Kinder von 6 bis 14 Jahren fahren in Begleitung eines zahlenden Erwachsenen auf Linienfahrten ebenfalls kostenfrei; Kaffee und Speisen müssen an Bord bezahlt werden.

Website: *saechsische-dampfschiffahrt.de*

7 Neue Synagoge und Stolpersteine

DRESDENS DUNKLE VERGANGENHEIT

Als 2001 in Dresden die Neue Synagoge eingeweiht wurde, überraschte das viele. Die einen standen verblüfft vor dem sandsteinfarbenen Kasten, der zwar im Material, aber nicht in der Form zur angrenzenden barocken Altstadt passte. Die anderen merkten erst bei dieser Gelegenheit, dass Dresden eine jüdische Gemeinde hat – beziehungsweise wieder hat.

Im ganzen Stadtgebiet stößt man auf die Messingsteine von Gunter Demnig, die der Künstler seit 2009 herstellt und verteilt. Wie normale Pflastersteine sind sie in den Boden eingelassen, meist vor Hauseingängen.

Stolpern kann man über sie kaum, trotzdem bringen sie zum Innehalten; und das ist ihre Funktion: Jeder Stein markiert den letzten gemeldeten Wohnort eines jüdischen Dresdners oder einer Dresdnerin. Auch Künstler und Politikerinnen, körperlich und geistig Behinderte und Zeugen Jehovas sind dabei, die politisch verfolgt und ermordet wurden.

Eingestanzt sind Name und Geburtsdatum, dann folgt das Datum, an dem diese Menschen aus ihrem Heim vertrieben wurden: abgeschoben nach Polen oder deportiert in KZs, hingerichtet oder schlicht ermordet. Nur auf wenigen steht „Flucht nach Australien" oder „KZ überlebt". Am traurigsten sind die mit den Namen von Kindern – etwa von Jutta und Tana Schneck, die 1942 im Alter von zwei und fünf Jahren zusammen mit ihrer Mutter nach Auschwitz deportiert und vergast wurden.

Viele Dresdner schauten damals weg – oder unterstützten die Nazis. Die waren in Dresden gründlich und feierten 1942, die Stadt wäre nun „judenrein". Das stimmte nicht ganz; noch bis 1943 lebten etwa 300 jüdische Frauen und Männer im „Judenlager" auf dem Hellerberg als Zwangsarbeiter in einer Rüstungsfabrik des Kameraherstellers Zeiss Ikon. Sie alle wurden im März 1943 nach Auschwitz gebracht. Ironischerweise verhinderte die Bombennacht vom 13. Februar 1945 die Deportation der letzten Juden aus Dresden; damals lebten noch 41 in der Stadt, die meisten in „Mischehe" mit Deutschen oder deren Kinder.

Seit dem Beginn des Projekts „Es waren unsere Nachbarn" hat Demnitz fast 70.000 Steine in über 1200 Orten in Deutschland und in 24 Ländern Europas verlegt. Die Stolpersteine gelten damit als das größte dezentrale Kunstwerk der Welt.

Im Gegensatz dazu fokussiert die architektonisch auffällige Neue Synagoge am Rathenauplatz die Aufmerksamkeit auf einen Punkt. Die jüdische Gemeinde der Stadt, schon immer klein und durch den Holocaust geschrumpft von etwa 5000 Gläubigen auf heute etwa 700, wurde kaum wahrgenommen – bis sie ihr neues Gotteshaus bekam. Das Architekturbüro Wandel + Lorch erhielt für diesen Entwurf den World Architecture Award.

Schauen Sie ruhig genau hin, wenn Sie an den Polizei-Mannschaftswagen vorbeispazieren, die zum Schutz der Gemeinde beschämenderweise wieder nötig sind: Der 24 Meter hohe, fensterlose Würfel soll an den ersten Tempel der Israeliten und die Klagemauer in Jerusalem erinnern. Seine Fassade besteht aus vielen Reihen von Bausteinen, die jeweils um sechs Zentimeter verdreht sind. So gelang ein Kompromiss mit den prak-

Die Neue Synagoge wurde mit dem World Architecture Award prämiert

tischen Gegebenheiten: Während die Grundfläche exakt in die nach Norden ausgerichteten Grenzen des Baulands passt, ist ihre Oberseite nach Osten ausgerichtet, wie es für Synagogen sein soll. Gegenüber liegt ein weiterer, nicht verdrehter Kasten, das Gemeindezentrum und das Arbeitszimmer des Rabbis, eines jungen Mannes aus New York, der zwischen Dresden und Basel pendelt.

An die Alte Synagoge, erbaut 1840 von Gottfried Semper als größter Sakralbau Deutschlands, erinnert ein Gedenkstein in Blickweite der Neuen Synagoge. Genau 60 Jahre nach ihrer Sprengung erfolgte 1998 der erste Spatenstich für die Neue Synagoge, weitere drei Jahre später wurde sie als erste Synagoge in Ostdeutschland eingeweiht.

Der alte Davidstern, der über der Tür hängt, ist das einzige, was von der Alten Synagoge übrig blieb. Jetzt können die Juden in Dresden neue Geschichte schreiben. Seit 2020 ist Jüdische Religion Wahlpflichtfach an sächsischen Grundschulen. Und wer mag, kann dem Rabbi Weingarten auf YouTube und Instagram folgen.

Lage:
Hasenberg 1, 01067 Dresden, am östlichen Ende der Brühlschen Terrasse

Anfahrt: Parken auf dem Parkplatz Schießgasse vor der Polizeidirektion; Straßenbahnlinie 3/7, Haltestelle Rathenauplatz/Synagoge

Öffnungszeiten: nur nach Anmeldung oder zu Gottesdiensten der Gemeinde

Führungen durch die Synagoge: Tel.: 0351 65 60 70

Website von Rabbi Weingarten: *rabbiweingarten.com*

HINWEISE:
- Die Stolpersteine findet man im ganzen Stadtgebiet von Dresden; eine Übersichtskarte gibt es unter *stolpersteine-dresden.de* oder auf dem Themenstadtplan der Stadt unter *dresden.de.*
- Die Infotafel für das Judenlager am Hellerberg, das nördlich des St. Pauli Friedhofs lag, steht am südlichen Ende des Hammerwegs.
- Die Rüstungsfabrik, in der die letzten Juden in Dresden bis 1943 arbeiten mussten, steht an der Riesaer Straße in Dresden-Pieschen und wird heute nach Sanierung teilweise als Kulturfabrik „Zentralwerk" genutzt.

KULTUR IM ZENTRUM

Seit 2016 ist das anders – jetzt sieht man auch abends Scharen von Dresdnern in die Innenstadt pilgern. Und zwar jeden Alters! Ihr Ziel liegt zwar gleich neben dem Bahnhof Mitte, ist aber nicht das „richtige" Stadtzentrum. Geschenkt – auf dem Gelände des ehemaligen Heizkraftwerks (alias Lichtwerk, alias Westkraftwerk), das hier seit 1895 dreckigen Kohlestrom für Dresden produzierte, ist ein Kulturmix vom Feinsten entstanden – und das in einem beeindruckenden Kulturdenkmal.

In Dresdens barockem Zentrum tummeln sich tagsüber die Menschen. Mit dem Einbruch der Dunkelheit wird es aber sehr still in der Innenstadt – für Wein und Gesang pilgern die Dresdner lieber auf die andere Elbseite, ins Kneipenviertel Äußere Neustadt. Dort sorgen Bars und Restaurants, viele kleine Theater und Kulturstätten sowie Clubs fürs leibliche Wohl und die Unterhaltung.

Energie wurde an dieser Stelle schon seit 1838 erzeugt, im Laufe der Zeit baute man immer weitere Gebäude und Anlagen auf und an. Das Ergebnis ist ein Fest für Stadthistoriker und Architekturfans, ein Querschnitt vom Historismus bis zur Sachlichkeit. Nur das alte Kesselhaus wurde leider trotz Denkmalschutzes 2006 abgerissen.

Zuerst eröffneten die Dresdner Stadtwerke, 175 Jahre nach dem ersten Aufleuchten einer Gaslaterne in Dresden, das Energiemuseum KraftWerk in einem ehemaligen Werkstattgebäude. Dann zog 2010 der Kraft-

Das Kraftwerk Mitte ist immer noch voller Energie

werk Club in die alten Klinkerhallen des Bahnstromwerks an der nordöstlichen Ecke des Areals ein. Seitdem wummern jedes Wochenende die Bässe, Szenegrößen wie Paul van Dyk und DJ Antoine kommen gern hierher. Kein Wunder bei einer Location, in deren Mitte ein Wasserfall rauscht!

2014 kamen die Musikhochschule und 2016 das Heinrich Schütz Konservatorium, die Heinrich-Böll-Stiftung richtete sich in der alten Trafohalle ein, das Restaurant „Neue Sachlichkeit" und das wunderschöne kleine Bistro „t1" im ehemaligen Pförtnerhaus setzten dem coolen Industrie-Charme ein warmes i-Tüpfelchen auf. Als schließlich die Staatsoperette und das Kinder- und Jugendtheater „theater junge generation"

Ein Theater für die Jüngsten: das tjg

tjg und Staatsoperette teilen sich ein Gebäude im Kraftwerk

aus den Randbezirken Dresdens herzogen, war das Kulturpaket komplett – oder? Inzwischen kam noch ein Co-Working-Space für Kreative und das Programmkino „Zentralwerk" hinzu, ein Haus der Kulturen ist geplant und man hofft, dass sich weitere Start-ups und Kunstschaffende ansiedeln werden.

Heute macht es zu jeder Tageszeit Spaß, durch das Gelände des ehemaligen Heizkraftwerks zu streifen. Hoch aufragende Backsteinwände und Stahlkonstruktionen bieten coole Hintergründe für Instagram-Sternchen (die man hier häufig beim Fotoshooting sieht), die renovierten Hallen der beiden Theater mit ihren 65-Tonnen-Kränen und Granitskulpturen bieten an jeder Ecke spannende Eindrücke. Dazwischen setzen die gemütlich von Pflanzen überwucherten Vintage-Möbel des Bistros im Hof und die wie zufällig herumstehenden Plastiken und Theaterrequisiten Akzente.

Der spektakuläre neue Saal der Staatsoperette

Selbst wenn weder Theater- noch Operetten- noch Kinoprogramm überzeugen können – ein Besuch im Kraftwerk Mitte lohnt sich auf jeden Fall, denn er zeigt eine ganz andere, ungewohnte Seite von Dresden. Genau in der Mitte.

Lage:
Kraftwerk Mitte 1 am Wettiner Platz, 01067 Dresden, Zugang vom Wettiner Platz/Alfred-Althus-Straße oder (manchmal) durch eine kleine Tür in der Mauer zur Könneritzstraße

Anfahrt: Parken am besten auf dem großen Parkplatz Kraftwerk Mitte, Löbtauer Straße 21, von der Haltestelle Bahnhof Mitte (S-Bahn S1, Straßenbahnen 1, 2, 6, 10, Bus 94) sind es etwa fünf Minuten zu Fuß.

Aktivitäten:
- theater junge generation: Vorverkaufskasse Montag bis Freitag 10 bis 18 Uhr; Tel.: 0351 320 42 777, *tjg-dresden.de*
- Staatsoperette: Vorverkaufskasse Montag bis Freitag 10 bis 18 Uhr, Tel. 0351 32042 222, *staatsoperette.de/karten*
- Club Kraftwerk: Programm und Tickets unter *kraftwerk-club.de*
- Energiemuseum KraftWerk: Mittwoch 10 bis 17 Uhr, von Oktober bis Juni auch Samstag 13 bis 17 Uhr, Eintritt kostenfrei; Tel.: 03 51 860 41 80, *kraftwerk-museum.de*

Restaurants:
- Restaurant Neue Sachlichkeit: Dienstag bis Freitag 12 bis 22 Uhr, Samstag 15 bis 22 Uhr; Tel.: 0176 47306703, *kraftwerk-mitte-dresden.de/einziehen/wir-sind-hier/neue-sachlichkeit.php*
- Bistro t1: Montag bis Freitag 9 bis 24 Uhr, Samstag und Sonntag 11 bis 23 Uhr; Tel.: 0351 484 567 51

Website: *kraftwerk-mitte-dresden.de*

HINWEIS: Die Eintrittskarten für tjg und Staatsoperette gelten vier Stunden vorher und bis sechs Stunden nach der Vorstellung als Bus- und Bahn-Tickets.

9 Elberadweg

STADTRADELN IM GRÜNEN

Mehr als
1000 Kilometer
ist der Elberadweg
lang, der von der Elb-
quelle in Tschechien
bis zu ihrer Mündung
bei Hamburg führt. Auch
wenn man gar nicht aus
Dresden weg will, ist eine
Radtour auf einem Stück
des Elberadwegs durchs
Stadtgebiet eine Freude.
Pendler nutzen den
autofreien Weg durchs
Grüne ebenfalls gern,
weshalb es morgens
und abends hier
recht voll wird.

Auf weiten Teilen der 30 Kilometer, die der Elberadweg durch Dresden führt, fährt man direkt auf den Elbwiesen, die zwischen Augustusbrücke und Waldschlösschenbrücke auf beiden Ufer-seiten bis zu 400 Meter breit sind. Aus Hochwasserschutzgrün-den bleiben diese Wiesenflächen dem individuellen Picknicken und Spazierengehen der Dresdnerinnen und Dresdner vorbehal-ten und werden nicht bebaut.

Hin und wieder gibt es sogar noch breitere Flächen, die bei Hochwasser dem Fluss Platz bieten, damit er nicht – wie es trotzdem alle Jahre wieder geschieht – die Straßen und Häuser überflutet. Auf der Höhe des Stadtteils Stetzsch und am anderen Ufer in Radebeul fährt man auf und hinter Deichanlagen, die die Dresdner vor dem Wasser schützen sollen. Dort, wo die Elbe in Friedrichstadt und Übigau ein paar ziemlich enge Kurven ins Elbtal gegraben hat, warten ebenfalls riesige Wiesenflächen auf Notwässerung. Zwischendrin ist es hier einfach idyllisch grün, Schafe weiden und Vögel zwitschern – mitten im Stadtzentrum.

Jeder Abschnitt des Elberadwegs bietet ganz eigene Perspekti-ven auf den Fluss, Highlights an der Strecke und unterschiedliche Fahrbedingungen. Während man zwischen Pillnitz und Blasewitz oder westlich von Briesnitz fast allein radelt, mit Blick auf Pfer-deweiden, Felder und langsam dahinschnaufende Dampfschiffe, muss man an der Fährstelle Johannstadt, wo die „Johanna" Fuß-gänger und Radfahrer hin und her shuttelt, gut aufpassen, dass man im Gewusel der Spaziergänger, Skater, Kinderwagenschie-ber und E-Bike-Senioren keinen Unfall verursacht.

Wilde Badestellen wechseln sich ab mit Schankwirtschaften, Spielplätze mit Flohmärkten, alte Dorfkerne mit Touristen-Hot-spots wie dem Canalettoblick am Neustädter Königsufer. Mal fährt man weitab vom Straßenverkehr auf schmalen Pfaden am Wasser entlang, mal überquert man elegant geschwungene Brü-cken oder muss darunter hindurch. Und auch wenn der Elberad-weg nicht immer exakt am Fluss entlangführt: Er ist inzwischen fast durchgängig asphaltiert und ohne größere Steigungen; ein Kinderspiel auch für Wochenend-Radler.

Überraschend wenige Biergärten in Dresden nutzen den wunderschönen Blick auf die Elbwiesen. Der „Fährgarten Johannstadt" auf der Altstädter Seite liegt, wie der Name schon sagt, an der Fährstelle, außerdem aber am Rand einer riesigen Streuobstwiese, wo die Dresdner ab dem Spätsommer von der Hand in den Mund leben. Ein paar versteckte, baumbeschattete Badestellen machen die Location perfekt.

Fast direkt gegenüber sitzt man etwas mondäner im „Café Rosengarten", das in weißem Boho-Chic vor dem Diakonissenkrankenhaus in einem altehrwürdigen Park voller Rosensträucher liegt.

Weiter elbaufwärts bietet der Biergarten auf der Terrasse des Lingnerschlosses einen wunderschönen Panoramablick über die Elbwiesen, und noch ein Stück weiter liegen sich am Blauen Wunder in Loschwitz gleich drei Biergärten gegenüber: der „Körnergarten" und der „Elbegarten Demnitz" auf dem Neustädter Ufer und der „Schillergarten" auf der Blasewitzer Seite. Richtig weit draußen, zwischen Coswig und Radebeul, trinkt man sein Bier in „Skopis Elbgarten" hoch über der Elbe auf einer Klippe, und auf den weiten Flutwiesen von Gohlis kann man das in einer historischen Windmühle tun.

Der „Fährgarten" wird bedient von der Elbfähre „Johanna"

 **Info**

Strecke:
Der Elberadweg ist gut erkennbar ausgeschildert mit weiß-grünen Hinweisschildern und dem blauen E. Es gibt ihn auf beiden Seiten des Flusses: Auf der linken Elbseite sind es etwa 30 Kilometer, auf der rechten Elbseite ca. 27 Kilometer. Wechseln kann man nach Lust und Laune über drei Fähren und neun Brücken. Nur zwischen Wachwitz und Pillnitz führt der Radweg an der Pillnitzer Landstraße entlang, auch zwischen Pieschen und Altkaditz wird man kurz vom Fluss weggeleitet.

Elbfähren: Eine Fährfahrt mit jeder Elbfähre kostet für erwachsene Radfahrer 2,50 EUR, Kinder mit Fahrrad 1,50 EUR. Fährtickets sind nicht in Zeitkarten (Wochenendtickets, Wochenkarten) enthalten. Die Fähren fahren Montag bis Freitag 6:30 bis 23 Uhr, Samstag und Sonntag ab 9:30 Uhr.

Restaurants:
- Fährgarten Johannstadt: im Sommer täglich 10 bis 23 Uhr; Käthe-Kollwitz-Ufer 23b, 01307 Dresden, *faehrgarten.de*
- Café Rosengarten: eine Kugel Roseneis kostet 1,20 EUR; Montag bis Freitag 11:30 bis 23 Uhr, Samstag 10 bis 23 Uhr, Sonntag 10 bis 19 Uhr; Carusufer 12, 01099 Dresden, *rosengarten-erleben.de*
- Elbegarten Demnitz: bei schönem Wetter Montag bis Freitag 12 bis 23 Uhr, Samstag und Sonntag 11 bis 23 Uhr; Achtung, nur Barzahlung möglich! Friedrich-Wieck-Straße 18, 01326 Dresden, Tel.: 0351 2106 443, *elbegarten.de*
- Skopis Elbgarten: Dienstag bis Sonntag 12 bis 20:30 Uhr; Tännichtweg 37, 01640 Coswig, Tel.: 03523 700654, *skopis-elbgarten-coswig.eatbu.com*

Website: *elberadweg.de*

Innere und Äußere Neustadt

Der „Bogenschütze" thront über dem Neustädter Königsufer

Innere und Äußere Neustadt

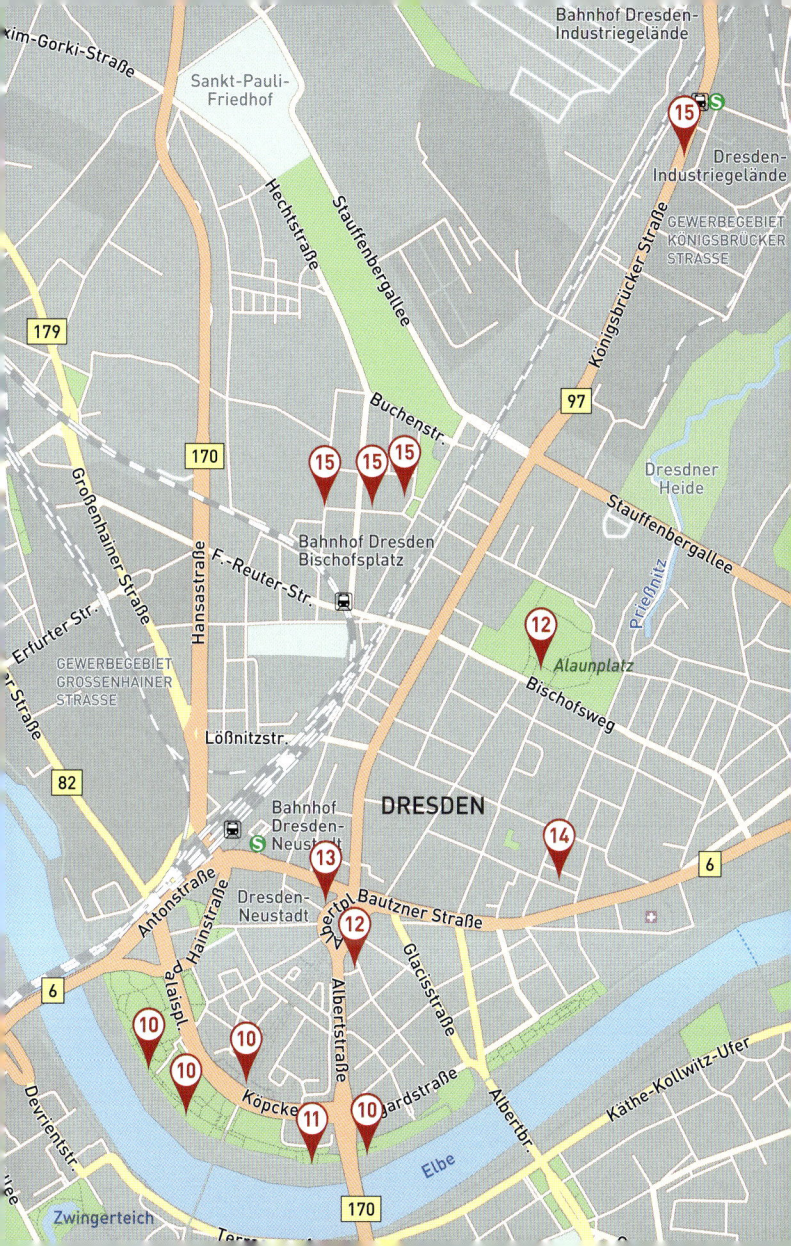

CANALETTO-BLICK UND GLOCKENSPIEL

Die Dresdner Neustadt gilt vielen als etwas zweifelhaftes Partyviertel, mit Trunkenbolden, Drogendealern und viel nächtlichem Krach. Dabei gilt das, wenn überhaupt, nur für die Äußere Neustadt nördlich des Albertplatzes, wo auf einem kleinen Areal über 100 Bars, Restaurants und Kneipen locken.

Ganz anders, nämlich ruhig, mondän und vielleicht sogar etwas überheblich, präsentiert sich die Innere Neustadt. Nachdem der Stadtteil „Altendresden", der eigentlich der ältere Teil von Dresden ist, 1685 fast komplett abbrannte, nutzte Kurfürst August der Starke die Chance und baute ihn ganz neu wieder auf – im angesagten Barockstil. Nach umfassender Nachwende-Renovierung erstrahlen die Straßen und Gassen rund um die Einkaufsmeile Hauptstraße wieder im alten neuen Glanz, abgesehen von den an die Hauptstraße grenzenden Plattenbau-Zeilen, die als DDR-Baudenkmäler Bestandsschutz genießen.

Der Goldene Reiter

Ein Bummel in die Neustadt lohnt sich bei jedem Dresden-Besuch: Vom historischen Zentrum spaziert man in wenigen Minuten auf der verkehrsfreien Augustusbrücke über die Elbe, wo am Neustädter Markt der Goldene Reiter thront – das sehr schmeichelhaft geratene Abbild des Stadtfürsten Friedrich August I. von Sachsen, dem Dresden seinen Weltruhm als Barockstadt verdankt. Das Standbild sollte nach Wunsch des Kurfürsten eigentlich mitten auf der Augustusbrücke stehen, dafür war es aber zu schwer. Die Dankbarkeit der Bürger Altendresdens für den Wiederaufbau ihres Viertels als „Neue Stadt bei Dresden" zeigt das von ihnen finanzierte Reiterbild auch hier eindrucksvoll genug.

Wer von der DDR-Ästhetik der Hauptstraße abgeschreckt wird und sich zurück zur Elbe wendet, der macht im Prinzip nichts falsch – denn auf der breiten Elb-Promenade, dem Königsufer, lustwandelt es sich ganz hervorragend. Rechts von der Augustusbrücke gelangt man nach wenigen Metern zu einem leeren roten Bilderrahmen. Der umrahmt nicht nichts, sondern den berühmten Canaletto-Blick, den Bernardo Bellotto alias Canaletto 1748

Das Japanische Palais mit seinem schönen Park

auf Leinwand bannte und mit dem er die Dresdner Silhouette weltweit bekannt machte.

Vorbei am wunderschönen Park des Hotels Bellevue, fällt der Blick auf streng in Würfelform zurechtgestutzte Bäume – und man schmunzelt, kennt man die doch bereits von der Brühlschen Terrasse auf der Altstädter Seite. An der Ecke des großzügigen Parks, der zum Japanischen Palais gehört, thront dann ein kleiner Pavillon, der ebenfalls einen Zwilling aus der Altstadt beherbergt.

Der Glockenspielpavillon ist, anders als das 300 Jahre alte Japanische Palais und die historische Silhouette gegenüber, quasi brandneu: 1936 erbaut, diente der „Milchpavillon" ursprünglich als Verkaufsstelle für „Pfunds Molkerei", den angeblich schönsten Milchladen der Welt an der Bautzner Straße.

Das Glockenspiel im ehemaligen Milchpavillon

Nach dem Krieg stand an dieser Stelle des Königsufers gar nichts mehr; erst nach der Wende wurde der elegante Pavillon wiederaufgebaut. Unter seinem runden Dach hängt ein bronzenes Glockenspiel, das zu jeder Viertelstunde ein melodisch-zartes Gebimmel über das Neustädter Elbufer tönen lässt. Für die idyllische Atmosphäre am Königsufer, wo gegen Abend die Liebespärchen auf der Mauer hocken, ist das quasi das i-Tüpfelchen.

Der Glockenspiel-Zwilling erhält weit mehr Bewunderung: Das Set aus 40 Glocken – gefertigt aus Meißner Porzellan! – hängt an der südöstlichen Seite des Zwingers über dem Sophientor und ertönt ebenfalls jede Viertelstunde, die vollen Stunden werden mit einem etwas längeren Spiel angezeigt. Dreimal am Tag erklingt eine extralange Glockensinfonie – von den „Vier Jahreszeiten" bis zur „Kleinen Nachtmusik".

Anders als der Pavillon, an dem es hängt, ist das Glockenspiel selbst erst seit 1933 dort zu bewundern. Das Bombardement von 1945 überstanden nur wenige der empfindlichen Glocken, aber schon 1964 wurden sie neu aufgehängt und 1994 noch einmal neu gestimmt. Ob die jahreszeitlich wechselnden Porzellan-Melodien besser klingen als das melancholische Läuten der Neustädter Schwestern, ist wohl Geschmackssache.

Lage:
Königsufer, 01097 Dresden-Neustadt

Anfahrt: Zugang zu Fuß durch den Park des Japanischen Palais oder von der Augustusbrücke (Treppenabgang), kaum Parkmöglichkeiten! Ein großer Parkplatz ist am anderen Elbufer unterhalb der Marienbrücke (Pieschener Allee). Die Straßenbahnlinien 7/9 halten direkt vor dem Japanischen Palais an der Haltestelle Palaisplatz, alternativ mit Straßenbahnlinie 4/6/10/11 zur Haltestelle Anton-/Leipziger Straße.

HINWEISE:
- Das Glockenspiel ertönt alle 15 Minuten.
- Das Glockenspiel im Zwinger schweigt zwischen Anfang Januar und dem Mittwoch vor Ostern, weil die empfindlichen Porzellanglocken geschont werden sollen.

11 Filmnächte am Elbufer

FREILUFTKINO VOR DOPPELT HISTORISCHER KULISSE

Im Sommer verbinden Tausende Menschen diesen Anblick mit einem Freiluftkinobesuch, bei den Filmnächten am Elbufer. Dieses Open-Air-Kino hat sich seit seiner Gründung 1991 zu einer festen Institution im Dresdner Sommerkulturkalender entwickelt. Zu Anfang wurden zehn Tage lang Filme gezeigt, inzwischen läuft das Programm von Ende Juni bis Ende August und zieht jährlich mehr als 200.000 Besucher an. Die Filmnächte am Elbufer wurden unversehens zu Deutschlands größtem Freiluftkino.

Das bekannteste Wahrzeichen Dresdens ist seine Skyline – ohne Wolkenkratzer, dafür mit ikonischen Kirchtürmen und Kuppeln, die schon 1748 vom Maler Canaletto verewigt wurden. Am besten genießt man diesen Blick auf das Ensemble aus Brühlscher Terrasse, Frauenkirche und Hofkirche vom gegenüberliegenden Neustädter Königsufer, und am allerschönsten sieht das bei Nacht aus.

Neben Deutschland-Premieren und aktuellen Blockbustern, geliebten DDR-Klassikern und Schwarz-Weiß-Evergreens wie „Frühstück bei Tiffany" besteht das Programm heute auch aus vielen Konzerten – Rock, Pop und Klassik. Bei der KAISERMANIA tritt Uralt-Schlagerstar Roland Kaiser vor einem tobenden Publikum auf, selbst seine Zusatzkonzerte sind in Dresden immer ausverkauft. Aber auch Stars wie R.E.M., Bryan Adams oder Sting sind regelmäßig zu Gast, und neuerdings spielen hier sogar die Dresdner Philharmoniker.

Die Filmnächte am Elbufer werden aufgebaut

Das Schöne an den Filmnächten: Hat man kein Ticket bekommen (oder konnte sich keines leisten), dann setzt man sich einfach nebenan auf die Elbwiesen und hört mit. Zwar ist der Blick auf die drehbare Leinwand, die bei Konzerten als Bühnendach fungiert, von der Seite nicht optimal, aber die Töne wehen weit über die Ufer der Elbe. Gut, dass im Finanzministerium, das hinter den Freitreppen des Amphitheaters am Königsufer liegt, niemand wohnt!

Das bombastische Amphitheater am Elbufer, das die Filmnächte erst möglich machte, stammt übrigens aus einer gern verschwiegenen Epoche der Landeshauptstadt.

Sobald es dunkel wird, klappt die Leinwand hoch

Das Königsufer war ein Prestige-Projekt der Nazizeit und sollte Dresden mit Monumentalarchitektur nach Führergeschmack aufwerten. Zwischen 1933 und 1936 wurden die Uferanlagen für Paraden und Kundgebungen großflächig umgestaltet. Das Amphitheater vor dem Finanzministerium war das Glanzstück der Promenade. Vom Podium für den GröFaZ ist heute nur noch das Grundpodest am Fuß der Freitreppen zu sehen, es wurde 1945 verschämt abgerissen.

Es ist schön, dass die Filmnächte das Elbufer heute wieder so friedlich und fröhlich nutzen. Aber was hier in der Nazizeit pas-

Kino mit Kulisse

sierte, darf auch nicht vergessen werden. Es gibt keinerlei Infotafeln zur Geschichte der Bebauung, die Anlage hat nicht einmal einen eigenen Namen. Dass man weiterhin genau hinschauen sollte, daran erinnert bis heute nur eine gläserne Bank auf der Brühlschen Terrasse – wer auf diesem Kunstwerk von Marion Kahnemann Platz nimmt, blickt genau auf das Amphitheater am Neustädter Elbufer.

Lage: Königsufer, 01097 Dresden-Neustadt, unterhalb des Sächsischen Staatsministeriums für Kultus

Anfahrt: Es gibt im weiteren Umkreis kaum Parkplätze! Parken ist möglich im Parkhaus Hauptstraße an der Metzer Straße oder am anderen Elbufer unter der Marienbrücke (Pieschener Allee). Am besten fährt man mit der Straßenbahnlinie 3/7/8 bis Haltestelle Carolaplatz, oder Straßenbahnlinie 4/9 bis Haltestelle Neustädter Markt; 200 Fahrradparkplätze stehen direkt am Eingang unter der Carolabrücke bereit.

Öffnungszeiten: Ende Juni bis Ende August, Filme starten 21:30 bzw. (im August) 21 Uhr, Familienkino-Filme 17 Uhr

Eintritt: tagsüber ist der Eintritt auf das Gelände frei, nachts kann man (nach Voranmeldung) auf dem Elberadweg durchfahren, wenn Filme laufen

Kinotickets: Erwachsene 9 EUR, Kinder bis 12 Jahre 7 EUR, etwas günstiger im Vorverkauf, am Kinotag oder beim Mitternachtskino, etwas teurer bei Filmpremieren und Sonderveranstaltungen; keine Platzkarten!

Website: *dresden.filmnaechte.de*

HINWEIS: Auch wenn es tagsüber warm war, sind die Abende am Elbufer überraschend frisch. Eine warme(!) Jacke, ein Sitzkissen oder eine Kuscheldecke sollte immer dabei sein!

12 Dresdner Räuberpistolen

VOM SCHWARZEN TOR ZUM TÄNNICHTGRUND

Dresden ist eine märchenhaft schöne Stadt, schon klar. Trotzdem staunte ich in der 9. Klasse nicht schlecht, als ich feststellte, dass E.T.A. Hoffmanns romantisches Märchen „Der schwarze Topf" mitten in Dresden spielt. Hier wird gleich im ersten Satz das Schwarze Tor erwähnt, das von 1632 bis 1811 am Albertplatz die nördliche Grenze der Stadt markierte.

„Am Himmelfahrtstage, nachmittags um drei Uhr rannte ein junger Mensch in Dresden durchs Schwarze Tor und geradezu in einen Korb mit Äpfeln und Kuchen hinein, die ein altes hässliches Weib feilbot, ..." Das Folgende erschien mir immer sehr verworren, wird aber von Literaturwissenschaftlern als maßgeblicher Beitrag zur Entstehung des „Mythos Dresden" angesehen.

E.T.A. Hoffmann war von 1813 bis 1815 Hofkapellmeister in der barocken Stadt; ein Zwischenspiel ohne weitere Bedeutung für seine Laufbahn. Keine Ahnung, woher ihm die Idee für sein gruseliges Märchen gekommen war, das er in dieser Zeit schrieb und seinen Ruf als Schriftsteller begründete. Das Schwarze Tor kann ihm keine Angst gemacht haben; es wurde während seiner Amtszeit in Dresden gerade abgerissen, da man keinen Bedarf mehr an Verteidigungsanlagen gegen feindliche Heere sah.

Im Tharandter Wald versteckte sich der Räuber Tullian

Heute erinnert nur noch ein Straßenname an das ehemalige Stadttor: Eine kurze Sackgasse südlich des Albertplatzes trägt es im Namen. Schade eigentlich, denn an und vor diesem Tor haben sich bedeutsame Geschichten abgespielt, von denen man heute noch gern in Dresden erzählt.

Es war der 8. März 1715, als mehr als 20.000 neugierige Dresdner (und Dresdnerinnen, und bestimmt auch deren Kinder!) durch das Schwarze Tor zum heutigen Alaunplatz strömten. Der heutige Stadtpark war damals eine schlichte Sandfläche mit dem treffenden Namen „Auf dem Sand" und diente als Hinrichtungsstätte für Verbrecher und Hexen; die letzte wurde in Dresden wenig später geköpft.

Unter lebhafter Beteiligung der Bevölkerung – damals lebten in der gesamten Stadt gerade einmal 46.000 Menschen! – wurden an diesem Tag dem Räuber Lips Tullian und vier seiner Kumpane die Köpfe abgeschlagen. Damit waren die Schurken glimpflich davongekommen, denn das Gericht hatte sie eigentlich dazu verurteilt, gerädert und geviertelt zu werden.

Lips Tullian gilt bis heute als berühmtester Räuber von Sachsen – eine Art Robin Hood, nur ohne das gute Gewissen. Er stahl und raubte jahrelang und versteckte seine Beute in einer Höhle im Tharandter Wald, der wenige Kilometer südlich von Dresden liegt. Derweil spazierte der gerissene Räuber frech unter falschem Namen den Dresdnern vor der Nase herum und nutzte seine vorgeschwindelte Identität, um die Häuser reicher Adeliger auszuspionieren. Die ließ er dann von seinen Räuberkumpanen, der „Schwarzen Garde", ausrauben.

Die Diebeshöhle – leider ohne Schatz

August dem Starken waren die Räuberbande und ihr Anführer natürlich ein Dorn im Auge. Mehrmals konnte er Lips Tullian ergreifen lassen, aber der schaffte es ein ums andere Mal, zu fliehen; einmal verschwand er sogar aus angeketteter Haft in der Festung von Leipzig.

Irgendwann war es dann doch vorbei und Lips Tullian gestand nach tagelanger Folter mehr als 40 Verbrechen. Weil er dabei auch viele seiner

Bandenkollegen verriet, ließ der Kurfürst Gnade walten – eine einfache Hinrichtung war alles, was das Volk zu sehen bekam. Mit der Hinrichtung von Lips Tullian war der schlimmste Räuber Sachsens besiegt. Aber die von ihm geraubten Schätze wurden angeblich nie gefunden.

Vielleicht liegen sie noch immer in der legendären Diebeshöhle, im Tharandter Wald nahe Naundorf – fast genau auf dem geografischen Mittelpunkt Sachsens. Markiert wird der durch eine Granitsäule vor dem Höhleneingang.

Lage:
Am Schwarzen Tor, 01097 Dresden; hier gibt es leider nichts mehr zu sehen …

Anfahrt: Straßenbahn 3/7/8, Haltestelle Albertplatz; Alaunplatz: Straßenbahn 13

- Alaunplatz: am nördlichen Rand der Äußeren Neustadt, angrenzend an den Bischofsweg; erreichbar mit Straßenbahnlinie 13 Haltestelle Alaunplatz
- Lips-Tullian-Höhle: im Tännichtgrund am südlichen Rand des Tharandter Waldes, an der Salzstraße zwischen Colmnitz und Naundorf, neben dem geografischen Mittelpunkt Sachsens; der Mittelpunkt vor dem Höhleneingang ist mit einer Tafel markiert; einfacher, kurzer, kinderwagentauglicher Wanderweg von Naundorf

HINWEIS: Die Erinnerung an das Schwarze Tor halten zwei Kneipen bzw. Restaurants wach, die ganz in der Nähe der alten Wehranlage stehen: Die Eckkneipe „Am Thor" bietet fast genau auf der historisch richtigen Stelle Bier und sächsische Küche, ein paar Hundert Meter weiter kommt im traditionsreichen „Bautzner Tor" ganz ähnliche Kost auf den Tresen.

13 *Albertplatz*

DAS TOR ZUR ÄUSSEREN NEUSTADT

Zwar wurde die Äußere Neustadt, eines der größten zusammenhängenden Gründerzeitviertel Europas, vom Zweiten Weltkrieg großteils verschont. Trotzdem lockten Zentralheizung und warmes Wasser die Dresdner zu DDR-Zeiten in die Platte nach Gorbitz und Prohlis. Als 1989 die Mauer fiel, sah es zwischen Bautzner Straße und Bischofsweg schaurig aus; hinter bröckelnden Fassaden hockten die bockigen Neustädter, die nicht wegziehen wollten, in ihren kohlegeheizten Wohnungen mit Stuckdecken und Außenklo.

Ein Bummel durch die Äußere Neustadt ist jedem Dresden-Besucher zu empfehlen; sonst nimmt man einen völlig verfälschten Eindruck vom barocken Elbflorenz mit. Hier gibt es die meisten Kneipen, hier steigen die meisten Partys, hier werden aber auch die meisten Kinder geboren und hier wählt man mehrheitlich grün und links – nachzulesen auf zahlreichen Wandbildern im Viertel.

Später wurde die „Neuse" zum künstlerischen und politischen Zentrum, Galerien und Kneipen sprossen wie Pilze aus dem Boden. 1990 riefen die Neustädter sogar eine unabhängige Republik ins Leben: Die Bunte Republik Neustadt ist heute das größte Stadtteilfest Ostdeutschlands.

Das Tor zu diesem bunten Viertel ist der Albertplatz; zu DDR-Zeiten ironischerweise Platz der deutschen Einheit. Hier endet die neobarocke Innere Neustadt, und plötzlich lagern Punks und Skateboarder auf den Stufen des historischen Erlwein-Brunnens (der wegen seiner artesischen Quelle als einziger in Dresden im Winter gefüllt bleibt), Bassboxen dröhnen, Lastenräder klingeln und der Geruch von Schawarma und Frühlingsrollen wabert durch die Luft.

Ein Verkehrsknotenpunkt ist der Albertplatz schon seit dem 19. Jahrhundert, als hier wirklich noch ein Stadttor stand. Heute lädt er nicht mehr wirklich zum Verweilen ein; immerhin treffen sich hier neun Straßen und fünf Bahnlinien. Etwas Ruhe bieten die Zwillingsspringbrunnen „Stürmische Wogen" und „Stille Wasser", die 1900 zur Weltausstellung nach Paris reisten, um deutsche Gie-

Neustadt-Flair auf der Martin-Luther-Straße

ßereitechnik zu präsentieren. Hier rauschen das Wasser und die Blätter der alten Rotbuchen lauter als der Straßenverkehr, und man kann innehalten: Traut man sich ins Gewühl der Neustadt?

Einen sanften Einstieg bietet die Literatur, genauer: Erich Kästner, der 1899 hier geboren wurde. Am Albertplatz wohnte Kästners Onkel in der Villa Augustin, heute das Erich Kästner Museum. Lesefreudige Besucher können hier stundenlang im Werk Kästners schmökern oder mithilfe von QR-Codes auf einen Kästner-Rundgang durch das „Makromuseum" der Äußeren Neustadt gehen.

Auf der Mauer der Villa sitzt ein Junge aus Bronze und schaut hinüber zur Alaunstraße. Wo früher das „Café Kästner" war, erinnert ein Denkmal an die Werke des Schriftstellers, der nicht nur Kin-

Artesischer Brunnen am Albertplatz

Nostalgie in der „Welt der DDR"

derbücher schrieb. Die laute Königsbrücker Straße lädt nicht eben zum Flanieren ein, aber dort in der Nummer 66 ist der Geburtsort Kästners – belegt durch eine Gedenktafel. Beim Bäcker „Rissmann", der seit Kurzem „George" heißt, kaufte Kästner seine Eierschecke (eine Dresdner Spezialität, unbedingt probieren!). Auch den Blumenladen „Stamnitz" auf der Louisenstraße gibt es noch, wo Kästners Mutter Ida die Blumen für den Hochzeitsschmuck ihrer Kundinnen kaufte.

Nicht ganz so weit zurück reist man in der „Welt der DDR", die in einem Einkaufszentrum am Rand des Albertplatzes liegt. Die originalgetreu eingerichteten Schau-Zimmer einer DDR-Wohnung, der HO-Verkaufsstelle oder dem Sprechzimmer einer Poliklinik lassen ältere Besucher juchzen: „Gugge ma, das hatten wir ooch!" Wer mehr Geschichte will, der kann das Kombi-Ticket für die Gedenkstätte Bautzner Straße (alias Stasi-Museum) nutzen.

Wer am Albertplatz aus der Straßenbahn steigt, dessen

Blick wandert vom Mini-Wolkenkratzer (Dresdens einzigem Hochhaus!) hinüber zum etwas niedrigeren und ungleich hässlicheren „Nudelturm" aus der DDR-Ära, bevor er erleichtert an der stattlichen Platane hängen bleibt. An diesem Naturdenkmal hasten täglich Tausende Passanten vorbei, aber nur wenige schauen dabei auf ihre Füße: Zwischen den Pflastersteinen ist ein Gedicht von Khalil Gibran eingelassen – eine Erinnerung an die Zeit, als der Albertplatz eine von Palmen bestandene Oase der Ruhe war.

Lage:
Die Äußere Neustadt reicht von der Bautzner Straße, 01099 Dresden, im Süden bis zum Bischofsweg im Norden. Im Süden liegt die Elbe; im Norden grenzen der Alaunpark und die Dresdner Heide an. Der Albertplatz liegt an der Kreuzung der Bautzner Straße/Königsbrücker Straße; von ihm gehen u. a. die mondäne Königstraße und die autofreie Hauptstraße ab.

Anfahrt: Parkhäuser im Simmel-Einkaufszentrum und über dem Einkaufsmarkt an der Bautzner Straße; Straßenbahnlinien 3/6/7/8/11 Haltestelle Albertplatz, S-Bahn-linien S1/S2 bis Bahnhof Neustadt, von dort sind es ca. 300 Meter.

Aktivitäten:
- Erich Kästner Museum: geöffnet Sonntag bis Mittwoch und Freitag 10 bis 18 Uhr, QR-Code-Rundgang (kostenlos!) möglichst zwischen 11 und 18 Uhr machen (wegen der Öffnungszeiten einiger Läden), Eintritt Erwachsene 5 EUR, Kinder ab 6 Jahren 3 EUR; Antonstraße 1, 01097 Dresden, *erich-kaestner-museum.de*
- Welt der DDR: geöffnet täglich 10 bis 18 Uhr, Eintritt Erwachsene 7 EUR, Kinder bis 12 Jahre kostenfrei, ab 13 Jahre 5 EUR, Happy Hour ab 17 Uhr: 4 EUR; im Simmel-Center am Albertplatz, Antonstraße 2A, 01097 Dresden, *weltderddr.de*

14 Martin-Luther-Kirche

WEITBLICK VON DER FALKENHEIMSTATT

Ihr 81 Meter hoher, schlanker Turm aus geschwärztem Sandstein ist schon vom Altstädter Elbufer aus zu sehen; für Spaziergänger im Gewirr der Neustädter Gassen ist er ein willkommener Orientierungspunkt: Seit 1887 ragt die Martin-Luther-Kirche über den schmucken Gründerzeithäusern der Äußeren Neustadt auf.

Sie ist ein Zweckbau, der zwischen 1883 und 1887 errichtet wurde, um die Gläubigen der zu groß gewordenen Neustädter Gemeinde aufzufangen. Das beauftragte Architekturbüro hatte auch den Hauptbahnhof entworfen, lag jedoch mit seinem Kostenvoranschlag deutlich zu niedrig. Trotzdem war es gut, dass man die am Ende mehr als 700.000 Reichsmark für den Bau investiert hatte – denn als die viel ältere Dreikönigskirche im Zweiten Weltkrieg zerstört wurde, die erst in den 1980er-Jahren wieder aufgebaut wurde, blieb die Martin-Luther-Kirche heil und bot eine Übergangsheimat für die Neu-

Falken-Fernrohr vor der Martin-Luther-Kirche

städter Kirchgänger. Die beiden fast gleich hohen Kirchtürme bestimmen heute die Silhouette der Neustadt und verbinden die Innere mit der Äußeren.

Neben dem Kontakt zu Gott bietet der Turm der Martin-Luther-Kirche auch Wohnraum für eine Turmfalken-Familie. Die kann man von unten durch ein hilfreiches, als Kunstwerk getarntes Guckrohr beobachten. Typisch für die kinderfreundliche Neustadt: Das Rohr ermöglicht gleich zwei Personen das Durchschauen, einmal in Kinderhöhe und darüber für die Eltern.

Die Turmfalken sind keineswegs Stammgäste am Martin-Luther-Platz. Die ersten von ihnen zogen erst einige Jahre nach der Wende im Kirchturm ein. Zwar haben sich Raubvögel und andere Tiere in der Äußeren Neustadt schon immer recht wohl gefühlt; hier gab es zu DDR-Zeiten reichlich unsanierte Gebäude, die vor sich hin verfielen und deren leerstehende Dachböden, Mauer-

Turmaufstieg: nichts für Höhenängstliche!

löcher und brachliegende Hinterhöfe viele Nistmöglichkeiten boten, zusammen mit Lebensraum für Jagdbeute.

Inzwischen haben Geschäftsleute und Touristen die Neustadt als hippes Szeneviertel entdeckt. Seit einigen Jahren wird an jeder Straße fleißig saniert, abgerissen und neu gebaut, nicht immer zum Wohlgefallen der Alteingesessenen. Genau wie diesen, die vor steigenden Mieten und Gentrifizierung fliehen, geht es den Turmfalken. Heute leben in ganz Dresden nur noch 120 der kleinen Raubvögel. Wer geduldig durch die Falken-Fernrohre an der Martin-Luther-Kirche schaut, genießt also mit etwas Glück einen echt seltenen Anblick.

Eine weitere Attraktion des Martin-Luther-Platzes steht auf dem kleinen Rondell vor dem Kirchenportal: Im 1992 errichteten Kugelbrunnen schwimmt eine tonnenschwere Granitkugel auf einem Wasserfilm, der ein hydrostatisches Gleitlager bildet. Während der erste Anstoß noch Kraft erfordert, dreht sich die einmal nasse Kugel danach scheinbar schwerelos weiter. Das ist nicht nur für Kinder faszinierend.

Als der Turm der Martin-Luther-Kirche im Jahr 2016 saniert werden musste, dachte man zum Glück an die Turmfalken. Sie durften bleiben und bekamen sogar neue Nistmöglichkeiten eingebaut. An Freitagabenden im Sommer kann man sich davon selbst überzeugen: Dann ist der Kirchturm für Besucher geöffnet. Jedenfalls für alle, die genug Puste und Muskelschmalz in den Beinen haben, denn die 224 Stufen auf der engen Wendeltreppe bis auf die erste Plattform sind ganz schön herausfordernd. Auch für Höhenängstliche ist diese Unternehmung nicht geeignet; die letzten Meter muss man über ein Stahlgerüst steigen, dessen Verstrebungen den direkten Blick nach unten ins Leere erlauben.

Auf halber Strecke bietet das kleine „Turmcafé" eine Verschnaufpause. Dort kann man das Uhrwerk der Kirchturmuhr von 1886 bewundern, das alle 15 Minuten einen Glockenschlag aus drei Tönen über die Neustadt schickt und die Kinder daran erinnert, dass sie zum Abendessen nach Hause kommen sollen.

An klaren Tagen reicht der Blick über die Elbe und die Altstadt bis in die Sächsische Schweiz und nach Meißen. Es gibt Dresdner, die jedes Jahr hier hinaufsteigen, um zu sehen, was sich alles verändert hat in ihrer Heimatstadt. Und ob noch Turmfalken da sind.

Info

Lage:
Martin-Luther-Platz 5, 01099 Dresden; Tel.: 0351 8985130

Anfahrt: kaum Parkplätze im Viertel, Parken im Parkhaus an der Bautzner Straße 31; Straßenbahnlinie 11 Haltestelle Pulsnitzer Straße

Öffnungszeiten: Turmbesteigung immer freitags von 20 bis 23:30 Uhr

Eintritt: Aufstieg Erwachsene 2 EUR, Kinder 1,50 EUR

Website: *kirchspiel-dresden-neustadt.de*

15 Der Hecht

THEATERRUINE UND SZENE IM SCHATTEN DER NEUSTADT

Selbst wenn die Gentrifizierung unübersehbar ist und neue Wohnungen an jeder freien Ecke aus dem Boden schießen: Das Hechtviertel trägt sein Image als etwas schmuddeliger Ableger der Äußeren Neustadt mit erhobenem Haupt. Hierher verirren sich kaum einmal Touristen auf der Jagd nach Street-Art oder Szenekneipen, in den Bars und Restaurants zwischen Seitenstraße und Rudolf-Leonhard-Straße sitzen echte Dresdner, die Portionen sind groß und bezahlbar. Nachmittags wimmelt es auf den beiden Spielplätzen, vor der Eisbar „Tiki" stehen lange Warteschlangen, Studenten und Familien chillen in veganen Restaurants und Hipster-Cafés, und das jährlich im August stattfindende Hechtfest läuft heimlich, still und leise dem großen Bruder „Bunte Republik Neustadt" den Rang als coolstes Straßenfestival Dresdens ab.

In meiner Wahlheimat Hechtviertel ist es noch nicht so gentrifiziert-schick wie in der Äußeren Neustadt, andererseits sieht man auch nicht ganz so viele Lebenskünstler, Sitzbankphilosophen und gescheiterte Existenzen. Das Partyvolk und die Dealer bleiben auf der anderen Seite der Königsbrücker Straße. Im Hecht ist es vielleicht langweiliger, dafür aber sehr lebenswert.

In dem Straßenkarree zwischen Königsbrücker und Johann-Meyer-Straße haben die Hecht-Bewohner, die hier teilweise seit Generationen leben, dem Namenspatron ihres Viertels an jeder Ecke Denkmäler gesetzt; etwa als großes Graffiti am S-Bahnhof oder auf dem Spielplatz an der Hechtstraße.

Ein echtes Urgestein des Viertels trifft man gewöhnlich neben dem Kostümverleih an der Erlenstraße: Dort hält die schwarz-orange getupfte „Schlecker-Katze" Klausi auf einem geparkten Motorroller Audienz. Die Miez wurde von den Mitarbeiterinnen des Schlecker-Marktes an der Ecke gefüttert und wartet auch nach dessen Pleite eisern jeden Tag vor der Ladentür.

Der Hecht schmückt sein Viertel

Mit echten Sehenswürdigkeiten kann das Hechtviertel nicht punkten. Es ist ja auch, anders als die Innenstadt, noch nicht allzu alt. Noch vor 200 Jahren exerzierten hier auf dem sandigen Heideboden die Soldaten des sächsischen Heers. Seinen Namen verdankt das Hechtviertel dem beliebten Gasthaus „Zum Blauen Hecht", das dem Förster Johann August Hecht gehörte. Aus dem Weg dorthin wurde die Hechtstraße, drumherum entstanden am Ende des 19. Jahrhunderts die ersten Wohnhäuser. Schnell war das Hechtviertel eines der am dichtesten bewohnten von Dresden.

Das Zentrum des Hechts: die St.-Pauli-Ruine

Kirche mit Glasdach

Hommage an Klausi,
die „Schlecker-Katze"

Die für damalige Verhältnisse sehr modernen Wohnungen in den heute wieder schön sanierten Gründerzeit-Mietshäusern erbaute der Kaufmann Johann Meyer, der 100.000 Mark spendete. Die Stadt wiederum stiftete für die vielen neuen Bewohner eine Kirche, deren 78 Meter hoher Turm noch heute über dem Viertel aufragt. Die St.-Pauli-Kirche aus rotem Backstein brannte später im Zweiten Weltkrieg aus und wurde, wie die zerbombten Straßen ringsum, von der DDR-Stadtführung lange ignoriert.

Erst nach der Wende erwachte der Hecht aus seinem Dornröschenschlaf. Neben nahezu allen Wohnhäusern wurde auch die Ruine der Kirche saniert. Weil ihr Dach komplett zerstört war, fanden die Gottesdienste in der evangelisch-lutherischen Kirche lange Zeit unter freiem Himmel statt – die weihnachtlichen Krippenspiele waren, wenn es sachte zu schneien anfing, eine sehr stimmungsvolle, aber auch kalte Sache.

Da die Kirchenruine auch von einer Laienschauspielgruppe als Bühne genutzt wird, deren Aufführungen unter der Witterung litten und die andererseits die Nerven der Anwohner auf die Probe stellten, bekam die St.-Pauli-Kirche 2012 ein gläsernes Dach – und ist seitdem eine echt coole Kultur-Location. Jedes Jahr finden hier über 100 Veranstaltungen statt, zu denen auch Dresdner aus anderen Stadtvierteln gern in den Hecht kommen.

Lage:
Das Hechtviertel liegt im Norden von Dresden vor dem Rand der Dresdner Heide, nur fünf Minuten von der Autobahnabfahrt Dresden Hellerau/ Zentrum, 01097 Dresden.

Anfahrt: Parkplätze sind notorisch knapp, es gibt keine Parkhäuser in unmittelbarer Nähe. Erreichbar mit S-Bahnlinie S1 Haltestelle Bischofsplatz, Straßenbahnlinien 7/8 und 13 Haltestellen Bischofsplatz, Bischofsweg oder Tannenstraße oder Buslinie 64 Haltestelle Buchenstraße

Aktivitäten:
- Theaterruine St. Pauli: geöffnet zu den Veranstaltungen, Tickets unter Tel.: 0351 272 1444; Königsbrücker Platz, 01097 Dresden, *pauliruine.de*
- Tiki im Hecht Eisbar: geöffnet täglich 9 bis 18 Uhr; Rudolf-Leonhard-Straße 26, 01097 Dresden
- tb Terrasse am Bischofsplatz: geöffnet täglich 19 bis 2 Uhr; Bischofsplatz 2, 01097 Dresden
- Café & Restaurant Saite: geöffnet Montag bis Freitag 18 bis 0 Uhr, Sonntag 10 bis 15 Uhr; Seitenstraße 4b, 01097 Dresden, *cafe-saite.de*
- Sankt Pauli Tagesbar: geöffnet täglich 11:30 bis 2 Uhr; Tannenstraße 56, 01097 Dresden, *sankt-pauli.in*

Dresdner Westen

Die Elbwiesen der Friedrichstadt: verewigt von Caspar David Friedrich

Dresdner Westen

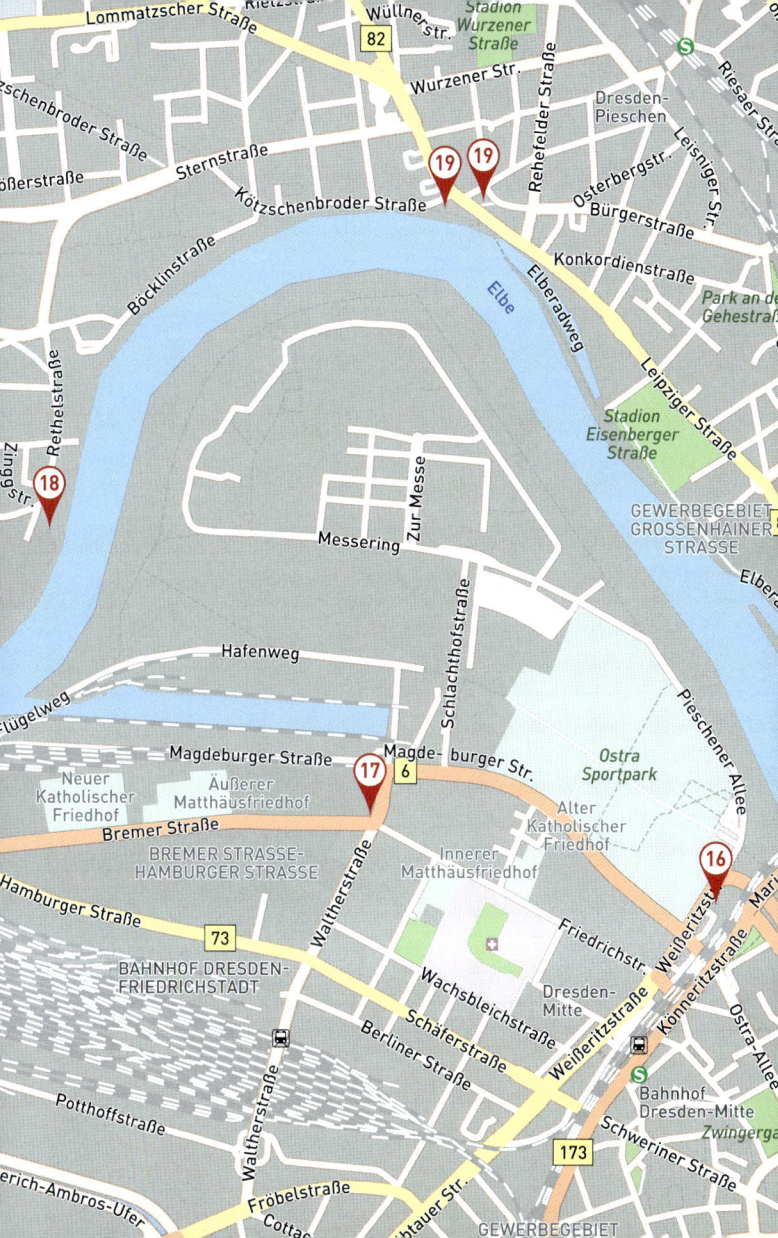

16 Yenidze

DIE FAKE-MOSCHEE

Dresden-Besucher, die mit dem Zug im Bahnhof Neustadt ankommen, wundern sich: Ist das die Kuppel einer Moschee, die da neben dem Congress Center an der Marienbrücke gleich neben den Bahngleisen aufragt? Golden glitzert sie im Licht des Sonnenuntergangs, gleich daneben ragen zwei schlanke Minarette empor.

Nein, die Yenidze ist kein Gotteshaus; und sie war auch früher nie eines. Das Gebäude, das die barocke Silhouette der Dresdner Altstadt auf verrückt-märchenhafte Art ergänzt, diente einem ganz schnöden Zweck: Es war eine Zigarettenfabrik.

Sieht aus wie eine Moschee ...

Die Idee dahinter kann als eine der ersten PR-Maßnahmen Deutschlands gelten, und als eine sehr erfolgreiche. Anfang des 20. Jahrhunderts wurden Tabakwaren in Deutschland Trend, immer mehr Menschen rauchten Zigaretten. Hugo Zietz war ein Zigarettenfabrikant in Dresden, der den milden, würzigen Tabak für seine Marken „Salem", „Murat" oder „Fatima" aus dem türkischen Anbaugebiet Yenice bezog; heute liegt das in Nordgriechenland.

Als 1907 eine größere Fabrik gebraucht wurde, entschied Zietz, das neue Gebäude im angesagten orientalischen Stil zu errichten. Wenn schon, denn schon: Die Fabrik sollte eine Nachbildung der Grabmoschee des Emirs Khair Bak von Kairo sein, komplett mit Minarett. Dadurch schuf Zietz nicht nur einen spannenden Gegensatz zu den Dresdner Barockbauten, er umging auch auf clevere Weise das geltende Bauverbot für Fabriken im historischen Stadtzentrum, das die einmalige Silhouette der Altstadt bewahren sollte.

Schlagzeilen machte die Yenidze sofort, wenn auch nicht unbedingt positive: Viele Dresdner empörten sich leidenschaftlich über die fremdländische Ergänzung ihrer Skyline. Für seine orientalischen Zigaretten waren die aufgeregten Presseberichte natürlich die beste Werbung, die man sich wünschen konnte – Zietz war berühmt!

Auf lange Sicht stellt die Yenidze mit ihrer Jugendstil-Fassade und den maurischen Elementen eine echte Bereicherung für die Dresdner Skyline dar. Sie ist nicht nur märchenhaft schön, sondern auch Deutschlands erstes Gebäude mit einem Skelett aus Stahlbeton. Die Fabrikarbeiterinnen, die die Zigaretten von Hand drehten, genossen in der größten Zigarettenfabrik Deutschlands vorbildliche Arbeitsbedingungen. Schornsteine und Abluftanlagen wurden geschickt als Minarette getarnt.

... ist aber eine Zigarettenfabrik – bzw. war es

Eigentlich gemein, dass ihr Architekt Martin Hammitzsch für sein Meisterwerk wenig Anerkennung erntete. Im Gegenteil: Er wurde dafür sogar aus der Reichsarchitektenkammer geworfen.

Und heute? Bis zur Wende diente die Yenidze als zentrales Tabaklager der DDR. Danach wurde sie umfassend saniert und glänzt heute wieder wie neu. Drinnen werden keine Zigaretten mehr gedreht, sondern Daumen – das Hauptgebäude beherbergt jetzt Büros.

Unter der 20 Meter hohen Kuppel mit den 600 unterschiedlich gestalteten Glasfenstern, die nachts märchenhaft leuchtet, wurden bis Anfang 2020 Märchen vorgelesen – orientalische und Grimmsche, erotische und gruselige, für Kinder und Erwachsene.

Eine der stimmungsvollsten kulturellen Stätten Dresdens ist nun Opfer des Klimawandels geworden. Die kühlen Monate, in denen man die nicht isolierte Kuppel nutzen konnte, werden immer kürzer. Dafür wird es heutzutage schon im April so warm, dass die Kuppel zum Treibhaus gerät – der Einbau einer Lüftung in die historische Anlage ist nicht möglich. Schweren Herzens mussten die Betreiber des 1001-Märchen-Theaters sich eine neue Spielstätte suchen.

An den warmen Sommerabenden kann man die Glaskuppel nun nur noch von außen bewundern. Das tut man am besten direkt darunter, auf der Dachterrasse der Yenidze in Dresdens höchstgelegenem Biergarten. Der Blick auf die Elbe, der bis ins Elbsandsteingebirge reicht, ist aus dieser Sichtachse einzigartig.

Lage:
Weißeritzstraße 3, 01067 Dresden

Anfahrt: kostenpflichtiger Parkplatz gleich neben der Yenidze, das Parkhaus Mitte ist gegenüber an der Weißeritzstraße (Einfahrt nur über Magdeburger Straße), ein großer kostenloser Parkplatz wenige Meter weiter am Elbufer an der Pieschener Allee; Straßenbahnlinie 4/6/10/11 bis Haltestelle Kongresszentrum oder S-Bahn S1 bis Bahnhof Mitte

Aktivitäten:
- Märchenvorlesungen: *1001maerchen.de* (nicht über die Website der Yenidze). Dort werden auch die wechselnden Spielstätten aktuell aufgelistet, bis die Stadt einer neuen festen Spielstätte zustimmt.

Restaurant:
- Kuppelrestaurant und Biergarten: täglich 12 bis 22:30 Uhr; Tel.: 0351 490 59 90, *kuppelrestaurant.de*

Website: *yenidze.eu*

17 Die Friedrichstadt

HALBINSEL ZWISCHEN BAROCK UND BLUTIGER NEUZEIT

Seit 1730 gibt es die Friedrichstadt – den Namen erhielt sie vom damaligen Kronprinzen Friedrich August, dem Sohn des Starken. Aber schon 500 Jahre vorher hatte auf der Halbinsel in der Elbbiegung ein Dorf gestanden; der altsorbische Name Oztrov („Elbinsel") steckt heute noch im Ostragehege, dem riesigen Sportkomplex am Rand des Viertels. Fußballfelder, eine Eisschnelllaufbahn und drei Mehrzwecksporthallen prägen das Gebiet, das sich am Elbufer bis zur Dresdner Messe zieht. Hierher zieht es an Wochenenden viele Dresdner, die das stadtnahe Grün nutzen, um zu joggen, zu skaten, Bälle zu kicken – und mit dem Heißluftballon in die Lüfte zu steigen.

Sie wird von den Dresdnern und den Touristen gleichermaßen übersehen: Die grüne, historisch und architektonisch enorm vielseitige Friedrichstadt, die direkt an die Altstadt angrenzt, ist für viele einfach der Stadtteil mit dem Krankenhaus. Da fährt man nur hin, wenn es sein muss.

Wenn die Abendluft genug Auftrieb bietet, stürzen sich sogar Lenkdrachenflieger vom Trümmerberg am westlichen Ende der Friedrichstraße. Der Gipfel des Schuttbergs, der aus den Ruinen des Zweiten Weltkriegs aufgetürmt wurde, bietet einen traumhaften Blick auf das Gelände des Alten Schlachthofs, die Dresdner Mühle und den Alberthafen, Dresdens größten Elbhafen.

Jahrhundertelang diente die weite Auenlandschaft als Vorwerk für die Versorgung des kurfürstlichen Hofes und der Dresdner Festung. Hier standen Obsthaine und lagen Getreidefelder, in flachen Teichen wurden Fische gezüchtet. Die Grafen und Herzöge jagten hier Hirsche und fanden es so romantisch, dass sie einige herrschaftliche Anwesen errichteten.

Eines der schönsten und letzten erhaltenen ist das Palais Brühl-Marcolini an der Friedrichstraße, wo zwischenzeitlich sogar Napoleon wohnte. Sie stehen auf an der Friedrichstraße und können kein Palais entdecken? Schauen Sie noch einmal hin: Das Städtische Krankenhaus Friedrichstadt ist ins Palais eingezogen – und wurde so zum wahrscheinlich schönsten Krankenhaus von ganz Deutschland. Es gibt sicherlich keine andere Klinik für Psychiatrie mit einer so herrschaftlichen barocken Brunnenanlage vor dem Fenster.

Eingangsportal zum Städtischen Krankenhaus

Der Neptunbrunnen an der Südseite der Klinik

Das Krankenhausgelände ist jederzeit frei zugänglich. Zwischen der Pathologie im denkmalgeschützten Georg-Schmorl-Haus und dem 40 Meter breiten Neptunbrunnen flaniert es sich auf den begrünten Wegen wie in einem Park – nur die bandagierten Patienten wirken ein wenig unpassend.

Zur inneren Einkehr laden auch die vier altehrwürdigen Friedhöfe, von denen sich zwei an der Friedrichstraße direkt gegenüberliegen. Ob man den Alten Katholischen Friedhof mit dem Grab Carl Maria von Webers schöner findet oder den evangelischen Inneren Matthäusfriedhof mit seiner knallgelben barocken Kirche, ist Geschmackssache.

Hinter den Fassaden der Barockhäuser an der Friedrichstraße – der ältesten Straße des Stadtteils – verbergen sich lauschige Hinterhöfe mit knorrigen Obstbäumen und Wildblumenwiesen. Das „Café Friedrichstadt" gibt es hier seit 1749, eröffnet vom Bruder des Zwinger-Architekten Pöppelmann.

Gleich um die Ecke gründete sich das Künstlerkollektiv der Brücke-Maler, die hier ihren modernistischen Stil entwickelten; unverstanden von den Dresdnern und verachtet von den Nazis. 1911 zogen die jungen Künstler nach Berlin weiter; heute hat die Gentrifizierung auch die letzten Bohemiens aus der Friedrichstadt vertrieben. Die Abriss-Ecken, wo sich nach der Wende Künstler und Graffiti-Sprayer entfalten konnten, verschwinden. Wer aufmerksam ist, findet noch einige fantastische Murals an den letzten Brandwänden.

2017 verließ eines der coolsten Kunstprojekte Dresdens die Friedrichstadt. Die OSTRALE, eine internationale Ausstellung für zeitgenössische Künste, zog in die alte f6-Zigarettenfabrik nach Striesen weiter. Einige Installationen kann man immer noch auf dem Gelände der Dresdner Messe zwischen den alten Futterställen, dem Kühlhaus und der Schweinehalle bewundern.

Der Alte Schlachthof ist heute die Messe

Wo heute Reise-, Hochzeits- und Babymessen stattfinden, floss seit Anfang des 20. Jahrhunderts das Blut in Strömen – im Städtischen Schlachthof, errichtet vom Stadtbaumeister Hans Erlwein, damals modernster und größter Schlachthof Europas. Das heute etwas steril wirkende Messegelände ist ein echter Jugendstil-Architekturschatz. An das Schicksal der unzähligen Tiere, die hier zwischen 1910 und 1995 zu Wurst wurden, erinnert der kleine Stierbrunnen auf dem Messevorplatz. Na dann, guten Appetit!

Lage:
Die Friedrichstadt erstreckt sich zwischen dem Elbufer und der Weißeritzstraße/Löbtauer Straße. Einen großen Teil bilden das Ostragehege und die Flutrinne, der Rest ist dicht bebaut. Das Städtische Krankenhaus Friedrichstadt liegt ziemlich genau in der Mitte, 01067 Dresden.

Anfahrt: Parken am besten am Ostragehege (Parkplatz Pieschener Allee); S-Bahn und Zug bis Bahnhof Mitte, Straßenbahnlinie 1/10, Buslinie 75 Haltestelle Semmelweisstraße, Straßenbahnlinie 1/2/6/8/10/11 Haltestelle Cottaer Straße oder Straßenbahnlinie 10 Haltestelle Alberthafen; der Elberadweg führt direkt an der Friedrichstadt vorbei.

Aktivitäten:
- Sportpark Ostragehege: Zugang über Pieschener Allee (mit kostenfreiem Parkplatz)
- Messe Dresden/Alter Schlachthof: kostenpflichtige Parkplätze; Messering 6, 01067 Dresden
- Städtisches Klinikum Dresden, Standort Friedrichstadt: nur wenige gebührenpflichtige Parkplätze, Friedrichstraße 41, 01607 Dresden
- Neptunbrunnen auf dem Klinikgelände: Höhe Wachsbleichstraße (Zugang nur von innen)

Restaurant:
- Café Friedrichstadt: mit Sommergarten, Restaurant und kleinem Hotel; geöffnet Dienstag bis Donnerstag 11 bis 22 Uhr, Freitag und Samstag 11 bis 1 Uhr; Sonntag 11 bis 17:30 Uhr; Friedrichstraße 38-42, 01067 Dresden

18 Schloss Übigau

SCHLAFENDE SCHÖNHEIT AM ELBUFER

Viele Dresdner lieben die marode Romantik des Schlössschens und genießen im Sommer die entspannte Atmosphäre im kleinen Schlosspark. Hier wird gerastet, getanzt, Sommertheater gespielt und mitunter sogar geheiratet. Trotzdem wäre es nett, wenn man wieder den Blick durch die vernagelten Torbögen des Renaissance-Wandelgangs im ersten Stock des Schlosses auf die Elbe genießen könnte. Immerhin ist das Schloss Übigau, das Reichsgraf Jacob Heinrich von Flemming 1724 als Sommerwohnsitz errichtete und das ihm der begeisterte August der Starke unter der Nase wegkaufte, offiziell als Kulturdenkmal eingestuft. Ein Verein versucht seit 2005, eine Sanierung in die Wege zu leiten.

Wie ein Dornröschenschloss liegt das Schloss Übigau im gleichnamigen Stadtteil gegenüber der Friedrichstadt an der Elbbiegung in tiefem Schlaf, umrankt von Dornenhecken. Allein der Prinz, der die Ranken mit dem Schwert durchschlagen, die schlafende Prinzessin wachküssen und das verfallende Gebäude sanieren würde, ist seit 200 Jahren überfällig.

Wie schön muss es hier gewesen sein, als die Vergnügungsboote des sächsischen Hofes auf ihrer Fahrt von Pillnitz zum Japanischen Palais an der großen zweiflügeligen Freitreppe anlegten und der Blick der feinen Damen und Herren über die weiten Elbauen schweifen konnte; heute steht dort der große weiße Klotz der Dresdner Mühle neben den Stahlkränen des Alberthafens – trotzdem schön! Kaiserin Elisabeth feierte hier

1727 ihren 36. Geburtstag, wenig später kam der König von Preußen zu Besuch. Danach verlor der sächsische Hof das Interesse an dem abgelegenen Jagdschloss, sodass der Schlossgärtner kurzerhand eine Gastwirtschaft eröffnete. Die Geschäfte liefen gut, bis die Industrialisierung nach Dresden kam.

Vom Schlossgarten, der ursprünglich ein üppig verzierter Barockgarten mit Pavillons, Skulpturen und einer Orangerie war, war irgendwann nicht viel mehr übrig als der Springbrunnen; für alles andere hatten die späteren Schlossbesitzer, die Maschinenbauanstalt und die Schiffswerft Übigau, keine Verwendung.

Sommertheater vor dem Schloss Übigau

Immerhin sammelte das Schloss in dieser Zeit neuen Ruhm: Hier entwickelte Andreas Schubert den Antrieb des ersten sächsischen Dampfschiffs und die erste funktionierende Dampflok Deutschlands, die „Saxonia".

Nach kurzem Intermezzo als Dampfmühle, Essig- und Papierfabrik wurde das Schloss Bürogebäude der Schiffswerft, die Ende des 19. Jahrhunderts zu einer der größten Binnenwerften Europas aufblühte. Ringsherum entstanden weitere Fabrikgebäude,

Blick von den Flutwiesen der Friedrichstadt auf das Schloss auf der anderen Elbseite

die heute noch, teils als Ruinen, herumstehen. Der Weltwirtschaftskrise entging auch die Werft nicht; das Schloss Übigau wäre beinahe von einem Grundstücksspekulanten abgerissen worden.

Für Besucher unzugänglich: das Schlossinnere

Die Geschichte der Besitzerwechsel, Verkäufe und Beinahe-Verkäufe des Schlosses ist scheinbar endlos. Immer wieder wurden Absichten geäußert, Verträge dann doch nicht unterzeichnet und erst einmal Bauzäune aufgestellt. Inzwischen sorgt der Förderverein Schloss Übigau für Kunst und Kultur e. V. wenigstens dafür, dass das Gebäude nicht vollends zusammenfällt, und hält das Schloss durch zahlreiche kulturelle Veranstaltungen und einen Sommerbiergarten auf der Agenda der Stadtpolitik.

Ideen gibt es immer wieder neue: vom Schokoladenschlösschen über ein Rokoko-Zentrum bis hin zur schnöden Büronutzung. Uns Dresdnern würde es schon reichen, wenn das Renaissance-Schätzchen endlich saniert wiedereröffnen könnte. 2018 konnte man zum Tag des offenen Denkmals immerhin mal einen Blick ins Innere des Schlosses werfen, wobei spannende „Befunde" der Bauarchäologen wie etwa alte Wandmalereien zutage kamen.

Lage:
Rethelstraße 47, 01139 Dresden,
Zugang je nach Baulage über einen
Trampelpfad um das Gebäude herum

Anfahrt: Viele Parkplätze gibt es vor dem Gartencenter, das ca. 500 Meter entfernt liegt. Kein Zugang vom Elberadweg, der vorn an der Freitreppe vorbeiführt!

HINWEIS: Das Schloss ist geschlossen; der Biergarten öffnet von Juni bis Oktober Donnerstag und Freitag ab 16 Uhr, Samstag und Sonntag ab 11 Uhr bis abends

19 Pieschener Winkel

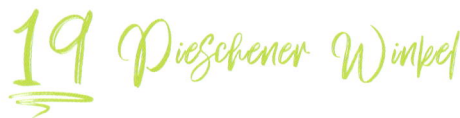

TANZEN IM „WATZKE" UND CHILLEN AN DER MOLENBRÜCKE

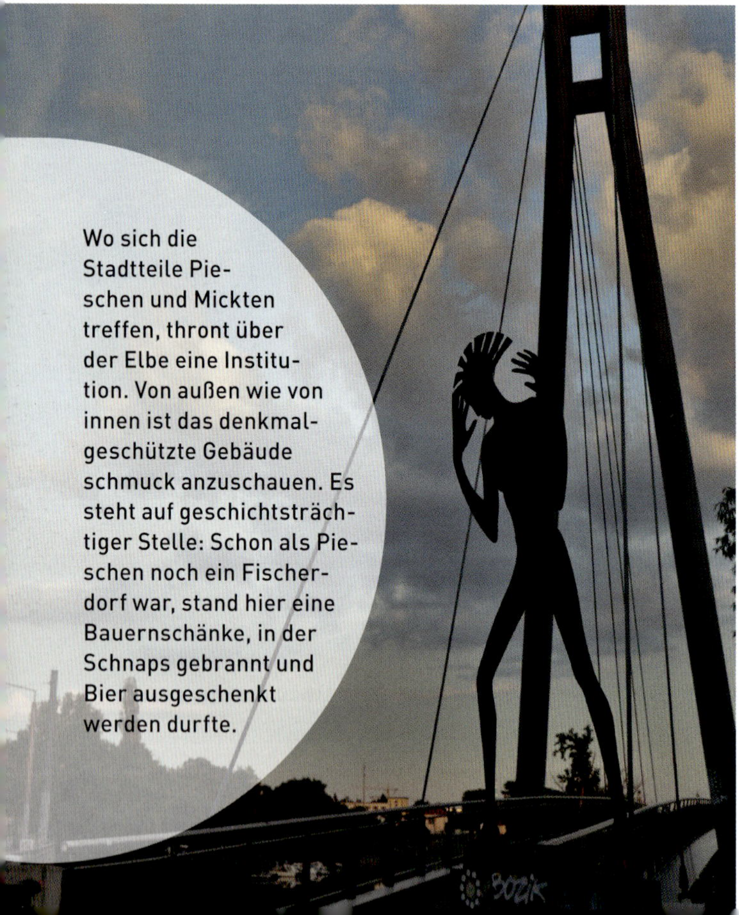

Wo sich die Stadtteile Pieschen und Mickten treffen, thront über der Elbe eine Institution. Von außen wie von innen ist das denkmalgeschützte Gebäude schmuck anzuschauen. Es steht auf geschichtsträchtiger Stelle: Schon als Pieschen noch ein Fischerdorf war, stand hier eine Bauernschänke, in der Schnaps gebrannt und Bier ausgeschenkt werden durfte.

Ihren Namen hat die Institution von Karl Joseph Watzke, der dem glücklosen Vorbesitzer die Schänke abkaufte – genau rechtzeitig, um der explosiv wachsenden und bald eingemeindeten Bevölkerung Pieschens etwas zu trinken zu verkaufen. Das Geschäft boomte, Sohn Gustav erweiterte die Schänke um einen Ballsaal und den Biergarten. 1898 ließ dessen Witwe ein brandneues Haus im Neo-Empire-Stil errichten, das heute noch steht.

Nach dem Zweiten Weltkrieg war es aus mit dem Spaß für die Dresdnerinnen und Dresdner, die vorher in mehr als 70 Ballsälen die Tanzbeine geschwungen hatten. Über 40 Jahre lang durfte das „Watzke" nur als Lagerhalle der Konsumgenossenschaft HO dienen, aber die Menschen vergaßen es nicht. Seit 1996 ist das Ball- und Brauhaus denkmalgerecht saniert und wieder geöffnet, samt eigener Brauerei im Erdgeschoss.

In einem Altarm der Elbe liegt der Pieschener Hafen

Die Freude der Dresdner über das „Watzke" ist allerdings geteilt, zumindest seit 2017. Die einen finden: In einem Etablissement, das AfD-Größen wie Bernd Höcke einlädt (oder zumindest nicht auslädt), darf man kein Bier mehr trinken. Die anderen sagen: Ach, halb so wild. Ist doch so schön hier, unter den Bäumen über der Elbe mit dem leckeren „Watzke"-Bier. Und die Tanzabende mit Live-Orchester und Hinterhaxen – legendär!

Tja, die Dresdner legen es sich gern so, wie es passt. Dabei kann man doch auch ohne „Watzke"-Bier ganz herrlich hier entspannen, wo es noch nicht so touristisch zugeht wie einige Kilometer weiter flussaufwärts am innerstädtischen Elbufer. Gleich neben dem „Watzke" bietet die „Pälzer Stubb" badische Weine und Flammkuchen mit Canaletto-Blick über die Elbe an. Und natürlich Bier, man ist ja in Dresden.

Weiter unten, auf den billigen Plätzen, hocken die Studenten und Flaschenbier-Trinker – und haben es nicht schlechter als „die da oben". Im Schatten der 34 Meter hoch aufragenden Metallkonstruktion der Molenbrücke sitzt man im sonnenwarmen Sand, die Füße direkt in der Elbe, wirft den schnatternden Gänsen ein paar Brotkrumen hin und genießt den Sommerabend für Sparsame. Der Blick auf die Altstadtsilhouette, ab und an unterbrochen von einem vorbeituckernden Motorboot oder einem Partyfloß, ist genauso unbezahlbar schön wie von weiter oben.

Blick auf die Molenbrücke vom Elbufer unterhalb des „Watzke"

Warum es die Molenbrücke überhaupt gibt, darüber rätseln die Dresdner übrigens bis heute.

In einer Stadt, deren Verkehrspolitik sich nur zögernd vom absoluten Vorrang des Autos abbringen lässt, sorgte die Errichtung dieser Schrägseilbrücke nur für Fußgänger und Radfahrer im Jahr 2010 für hochgezogene Augenbrauen. Selbst die Radfahrer wunderten sich – denn die Überspannung des Pieschener Hafens auf einer Länge von 150 Metern ist zwar bildhübsch, aber unbedingt nötig war sie nicht.

Die flache Metallfrau mit der wilden Frisur – „Undine kommt" – nutzte die Brücke als erste; die Skulptur der Künstlerin Angela Hampel wechselte ihren Standort vom Ende der Hafenmole zum Anfang der Molenbrücke, über den sie seitdem wacht. Ihre jüngere Zwillingsschwester, „Undine geht", stand ursprünglich am Rheinufer in Bonn; 2011 wurde sie von den Dresdnern gekauft und steht seitdem etwas weiter flussaufwärts an den Johannstädter Elbwiesen.

Lage:
im Straßengeviert Leipziger Straße/ Mohnstraße/Kötzschenbroder Straße, 01127 Dresden

Anfahrt: per Auto aus dem Stadtzentrum über Leipziger Straße, wenige Parkmöglichkeiten in den umliegenden Straßen, kleiner Parkplatz vor dem Ballhaus; Straßenbahn Linie 4/9/13 sowie Buslinie 70 Haltestelle Altpieschen, oder per Fahrrad auf dem Elberadweg

Restaurants:
- Ball- und Brauhaus Watzke: Biergarten täglich 11 bis 24 Uhr, das Brauhaus hat zwei weitere Filialen in Dresden am Neustädter Markt und am Dr.-Külz-Ring in der Innenstadt; Kötzschenbroder Straße 1, 01139 Dresden, Tel.: 03 51 85 29 20, *watzke.de*
- Pälzer Stubb: Sommergarten April bis September, bei gutem Wetter Dienstag bis Sonntag ab 17 Uhr; Leipziger Straße 109, 01127 Dresden, *pfaelzer-weinkontor-dresden.de*

Dresdner Norden

Panorama aus dem „Dresdner Blick" im Militärhistorischen Museum

Dresdner Norden

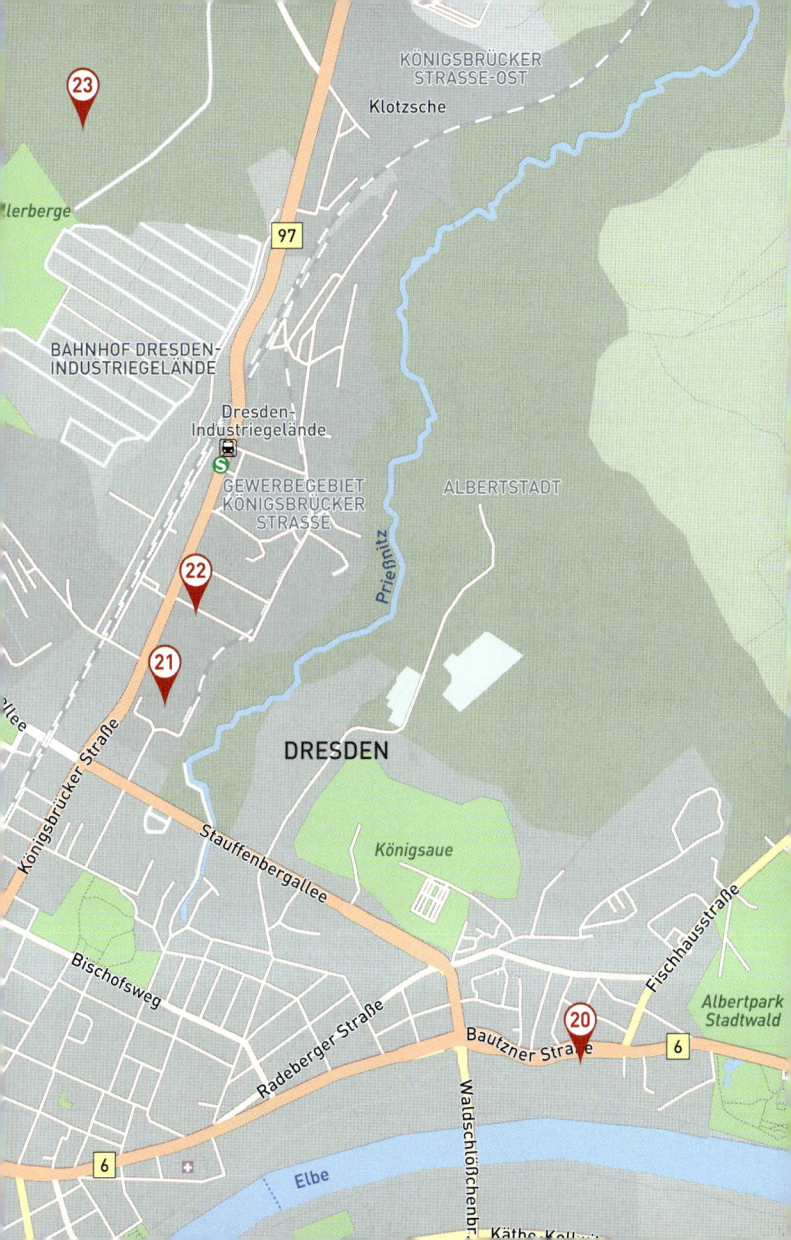

DAS STASI-MUSEUM

Nach der Blüte-
zeit des Barocks
war Dresden auch
politischer Dreh- und
Angelpunkt in weniger
schönen Epochen. An
der Bautzner Straße
dokumentiert seit 2011
eine Gedenkstätte das
Wirken des Ministeriums
für Staatssicherheit der
DDR – im Volksmund
„Stasi".

Das MfS war „Schild und Schwert" der Sozialistischen Einheitspartei Deutschlands und arbeitete als Geheimpolizei, Ermittlungsbehörde und Auslandsnachrichtendienst, kontrolliert allein durch die Parteiführung. Als nach der Wende die Stasi-Akten öffentlich zugänglich wurden, bestätigte sich mancher Verdacht, andere fielen aus allen Wolken: Arbeitskollegen, Ehepartner oder Geschwister, alle hatten sie (nicht immer freiwillig) übereinander berichtet. Nicht einmal im Gefängnis wusste man, ob der Zellengenosse ein Spitzel war. Das gebrochene Vertrauen und das tiefe Misstrauen gegenüber staatlichen Institutionen wirken in den Menschen bis heute nach.

Ein Kellergang verbindet das alte Gefängnis mit dem neuen

Als 1989 das Ende der DDR feststand, warf man in der MfS/AfNS-Bezirksverwaltung die Aktenvernichter an. Von der jahrzehntelangen Bespitzelung der Menschen sollten keine Spuren bleiben. Die Bevölkerung verhinderte das – am 5. Dezember stiegen die Dresdner über die Mauer und beschlagnahmten die Akten, ohne dass es zu Gewalt kam.

Die Zellen der Untersuchungshaftanstalt, wo die Papierstapel zwischenzeitlich lagerten, sehen noch heute so aus, wie sie damals verlassen wurden. Auch der Rest des Geländes wurde als Gedenkstätte erhalten. Sogar ein Stück der Mauer am Eingang der MfS-Bezirksverwaltung, die bereits abgerissen war, hat man beim Bau der Gedenkstätte wiedererrichtet. Dass es die gibt, verdankt sich erneut den Dresdnern: Als die Stadt das Gelände an einen Investor verkaufte, gründeten sie einen Verein und erhielten so die einzige im Original erhaltene Stasi-Untersuchungshaftanstalt in Sachsen.

Heute mag man sich gar nicht vorstellen, was das Gelände in idyllischer Elbhanglage alles gesehen hat. Im altehrwürdigen Waldschlösschenviertel richtete der sowjetische Geheimdienst NKWD schon 1945 den „Fuchsbau" ein. In dem Untersuchungs- gefängnis wurden Tausende Nazi-Kriegsverbrecher, aber auch Gegner des neuen sozialistischen Systems inhaftiert und brutal verhört. Nach Monaten der Entbehrungen und Folter deportierte man sie in „Speziallager" oder in die sowjetischen Gulags, aus denen nur die wenigsten zurückkehrten.

Die dunklen, feuchten Kellerräume sind bedrückend anzu- schauen. Kaum zu glauben, dass direkt darüber heute moderne Wohnungen liegen. Die Projektarbeiten von Dresdner Schulkin-

dern, die das Schicksal von Gefangenen recher- chiert und künstlerisch gestaltet haben, bilden eine Brücke zwischen den beiden Welten.

Die alte Mauer des Gebäudes der Stasi-Be- zirksverwaltung weist auf die Gedenkstätte hin

1953 übernahm die DDR-Führung das Areal, errichtete eine hohe Mauer an der Straße und dann Plattenbauten, wo die Stasi-Mitarbeiter und ihre Familien wohnten –

abgeschirmt vom Rest der Bevölkerung und im relativen Luxus. Gleich danebn, in einem vierstöckigen Hafthaus, waren bis 1989 zwischen 12.000 und 15.000 politische Häftlinge untergebracht; für wenige Monate oder mehrere Jahre.

Mit „Guten Tag! Sie sind verhaftet!" beginnt das Hörspiel, das Besucher durch das Gefängnis führt und einen lebendigen Ein- druck vermittelt, wie der Alltag der Gefängnisinsassen aussah, wie sie mit Demütigungen, Wut und Resignation umgingen. Die

Aufseher und die Mitarbeiter, die die Verhöre leiteten, bekommen von Dresdner Schauspielerinnen und Schauspielern eine Stimme geliehen. Wie in einer Zeitkapsel kann man durch das Gebäude gehen, Gefängniszellen und Verhörräume betreten, im winzigen Lichthof den Freigang der Einzelhäftlinge nachempfinden, den Telefonhörer im Büro des Dresdner Stasi-Chefs Horst Böhm abnehmen, im Sitzungszimmer Platz nehmen oder den Prunk im Festsaal bewundern, wo noch der Speiseplan der Kantine aushängt – Jägerschnitzel mit Nudeln, Russischer Salat für 80 Pfennig.

Seit 2016 ist die Dauerausstellung „STASI. Die Ausstellung zur DDR-Staatssicherheit", die vorher in Berlin gezeigt wurde, Teil der Gedenkstätte. Neben Exponaten zur geheimen Arbeit der Stasi und der friedlichen Revolution kommen an zwei großen Wänden die Ausstellungsbesucher zu Wort. Ihre Kommentare zeigen, dass auch heute noch viele Emotionen und Erlebnisse unverarbeitet sind.

Info

Lage:
Bautzner Straße 112a, 01099 Dresden, Tel.: 0351 646 54 54

Anfahrt: wenige kostenfreie Parkplätze vor der Gedenkstätte, Straßenbahn-linie 11, Haltestelle Angelikastraße

Öffnungszeiten: täglich 10 bis 18 Uhr

Eintritt: Erwachsene 6 EUR, Kinder unter 18 Jahren kostenfrei; am letzten Sonntag des Monats kostenfrei für alle Besucher; Kombiticket mit „Welt der DDR" am Albertplatz; kostenlose Führungen an jedem ersten Sonntag im Monat 11 Uhr, Montag 14 Uhr für 3 EUR zuzüglich zum Eintrittspreis; Achtung, keine Kartenzahlung möglich!

Website: *bautzner-strasse-dresden.de*

Militärhistorisches Museum der Bundeswehr

DIE GESCHICHTE VON KRIEG UND GEWALT

Pazifisten und Militärkritiker sind aber positiv überrascht: Neben der chronologischen Darstellung der deutschen Militärgeschichte im europäischen Kontext vom Mittelalter bis heute wählt das Militärhistorische Museum nämlich noch einen anderen Ansatz, der quasi quer über der „normalen" Ausstellung liegt. In dem Zacken aus Metalllamellen, der den schmuck sanierten Gebäudeteil durchschneidet, wird ein „Themenparcours" mit zwölf Bereichen präsentiert, der Krieg und Gewalt aus verschiedensten Perspektiven untersucht: als Kulturgeschichte, als philosophisches Konstrukt, als Triebkraft für die Entwicklung von Sprache und Mode, vielleicht sogar als menschliche Konstante?

Der Parcours nutzt auf unvergleichliche Weise den Raum, den Daniel Libeskinds architektonisches Meisterwerk erschaffen hat. Darin begegnen sich Artefakte wie die V2-Rakete der deutschen Nazis und ein Puppenhaus aus London von 1944, Panzer-Karussellwagen aus den 1960ern und eine Phiole mit dem Rauschmittel Pervitin (dem

Kühn ragt der metallgraue Keil in den Himmel über Dresden. Wie ein Blitz reißt er seit 2011 die Fassade des Arsenalgebäudes auf, das seit 1897 als Museum dient. Es liegt im ehemaligen Kasernenviertel Albertstadt, gleich nebenan werden heute die Offiziersanwärter des Heeres ausgebildet. Der perfekte Ort für ein Museum über Militärgeschichte, zudem unter Leitung der Bundeswehr.

Das von Daniel Libeskind entworfene Gebäude thront über dem Dresdner Norden

Vorgänger von Crystal Meth), aber auch künstlerische Licht-installationen und historische Ölgemälde, ausgestopfte Elefan-ten und originale Einmannbunker aus deutschen Städten. Eine künstlerische Intervention, bei der ein Atomblitz die Silhouetten der Besucher auf einer fotosensiblen Wand verewigt, hinterlässt einen Kloß im Hals.

Im Außenbereich geht es weiter: Dort stehen sich Panzer aus dem Kalten Krieg gegenüber – getrennt nach politischen Lagern –, auf der anderen Seite des Gebäudes sieht man Panzer- und Patrouil-lenfahrzeuge sowie einen Hubschrauber aus den neueren Ein-sätzen der Bundeswehr.

Auch Kinder sind willkommen. Spezielle Familienführungen und ein Museumsquiz mit dem Floh Flohrian holen Kinder ab dem Grundschulalter dort ab, wo sie Krieg(sspiele) und Gewalt aus ihrer eigenen Lebenswelt kennen. Vor schwierigen Ausstellungs-bereichen wird eigens gewarnt. Und in Abteilungen wie „Krieg und Spiel" dürften Kinder mit ihren Eltern interessante Diskus-sionsansätze finden.

So manches erklärt sich allein durch die Stimmung; andere Bereiche bieten viel Lesestoff, dazwischen stehen Audioguides oder (zu Corona-Zeiten) fachkundige Live-Speaker bereit, die ihr

Wissen mit den Besuchern teilen. Die bleiben oft viel länger als gedacht, geraten ins Gespräch mit anderen oder entdecken beim Gang von Vitrine zu Vitrine überraschende Zusammenhänge. Kein Wunder: Das MHM ist mit seinen 10.000 Exponaten – in den Depots lagern mehr als 1,6 Millionen – auf 10.000 Quadratmetern Fläche eines der vier größten Geschichtsmuseen Deutschlands. Einen halben Tag sollte man für den Besuch mindestens einplanen.

Die V2-Rakete der Nazis ragt durch alle Etagen

Zwei weitere Ausstellungsbereiche sind ausgelagert: auf dem Flugplatz in Berlin-Gatow, wo die Geschichte der militärischen Luftfahrt gezeigt wird, und auf der Festung Königstein, die im Südosten Dresdens auf einem Tafelberg der Sächsischen Schweiz thront. Dort beherbergt das Neue Zeughaus seit Juni 2020 eine kleine, aber feine Ausstellung zur Kulturgeschichte befestigter Orte: Auch die „Faszination Festung" öffnet überraschende Blickwinkel.

Moderne Architektur durchschneidet das historische Arsenalgebäude

Der große Zusammenhang wird immer wieder deutlich: Wer Hass sät, wird Krieg ernten. Der Libeskind-Keil weist wie ein Pfeil auf die Schuld der Deutschen und der Dresdner an ihrem eigenen Schicksal. Seine Spitze zeigt quer über die

Stadt zum Ostragehege; dorthin, wo im Februar 1945 die ersten Bomben der Alliierten fielen. Die Keilform ist dem Dreieck nachempfunden, das die Bomber in die Stadt brannten.

Aus dem Inneren des „Dresden Blicks" schauen die Besucher auf die Stadt hinab, die damals lichterloh brannte. Im Rücken haben sie dabei die zerschossenen Gehwegplatten des polnischen Dorfes Wielun, das 1939 als erster Ort im Zweiten Weltkrieg von den Nazis bombardiert wurde.

Der Mensch steht im Mittelpunkt dieses Museums. Und damit auch die Erkenntnis, dass der Krieg zutiefst menschlich ist.

Lage:
Olbrichtplatz 2, 01099 Dresden, Tel.: 0351 823 2777

Anfahrt: über Königsbrücker Straße/Stauffenbergallee, Parkplätze auf dem Gelände, Straßenbahnlinie 7/8 oder Buslinie 64 Haltestelle Stauffenbergallee

Öffnungszeiten: täglich 10 bis 18 Uhr

Eintritt: Erwachsene 5 EUR, Kinder bis 18 Jahre, Mitarbeitende der Bundeswehr, Zivildienstleistende, FSJ- und FSÖ-Leistende frei, freier Eintritt Montag 15 bis 18 Uhr, an jedem anderen Öffnungstag ab 17 Uhr

Partnermuseen:
- Festung Königstein: April bis Oktober täglich 10 bis 18 Uhr, November bis März 10 bis 17 Uhr; Neues Zeughaus, 01824 Königstein, ca. 30 Kilometer von Dresden, *festung-koenigstein.de*
- Flugplatz Berlin-Gatow: Dienstag bis Sonntag 10 bis 18 Uhr, Montag geschlossen, außer an Feiertagen; Am Flugplatz Gatow 33, 14089 Berlin, *mhm-gatow.de*

Website: *mhmbw.de*

22 Zeitenströmung

NIAGARAFÄLLE ZWISCHEN FABRIKLOFTS

Es gibt einen Wasserfall in Dresden? Und noch dazu einen fünf Meter hohen? Zugegeben – Dresdens mächtigster Wasserfall wird künstlich gespeist und abends wieder abgeschaltet. Schön anzusehen ist er trotzdem, wenn man im Gartenbereich des „Deli" im Strandkorb sitzt. Spätestens dann hat man dem Dresden-Insider seinen Scherz verziehen.

Das „Deli", die kleine Schwester des preislich und vom Ambiente deutlich gehobeneren Sterne-Restaurants „Elements", liegt in einem schick sanierten Industrieloft im Komplex der „Zeitenströmung". Dieses Areal an der Königsbrücker Straße wurde bis 1918 als Artilleriedepot genutzt, nach dem Zweiten Weltkrieg baute man hier Flugzeugturbinen und Schiffsgetriebe. Wer weiterspaziert, gelangt zu den ehemaligen Kasernen der Albertstadt, die im 19. Jahrhundert eigens für die Offiziersausbildung angelegt wurden und auch heute Soldatinnen und Soldaten der Bundeswehr beherbergen.

Nachdem das Areal lange Zeit brach gelegen hatte, entwickelte es sich unter dem Namen „Zeitenströmung" seit 2004 zu einem spannenden Mix aus Tradition und Inspiration, mit viel Raum für Kreativität und spannende Projekte. Kleine Ingenieurbüros und Manufakturen liegen hier neben Kaffeeröstereien, italienischen Feinkostgeschäften und exklusiven Restaurants, Oldtimer-Werkstätten und einer rege genutzten Boulderhalle. Dazwischen

Feinste Küche in schickem Ambiente im „Elements Deli"

Dafür gab es einen „Bib Gourmand" von Michelin

parken Foodtrucks, am Rand des Geländes hat das Staatsschauspiel seine Probebühne eingerichtet.

Die großen Fabrikhallen mit den alten Industrieanlagen bieten reichlich Platz für Experimente. So kommen in schöner Regelmäßigkeit Ausstellungen nach Dresden, die in der Innenstadt keinen Raum finden – auch, was die Themen angeht. Die „Eiswelten", die Kriegsmaschinen von Leonardo da Vinci oder die „Magic City" mit ihrer vielfältigen Urban Art passten zwar nicht in die barocke Altstadt, waren aber beim Dresdner Publikum Riesenerfolge.

Zu verdanken ist das dem Engagement eines Münchners: Klaus Eckhard, der zuvor das Unternehmen Jenoptik saniert hatte, nahm sich den „Gewerbegarten" als Herzensprojekt vor und arbeitete bis zu seinem Tod 2020 unermüdlich daran. Fertig wird die „Zeitenströmung" wohl nie sein, das sagt ja bereits ihr Name.

Touristen sieht man hier trotzdem kaum – die niedrigen Klinkerbauten zwischen Straßen wie dem Horch Boulevard oder der Wanderer Gasse sind ein Geheimtipp in Dresden. Dabei ist das „Elements" eine Top-Adresse für Gourmets. Auch das günstigere „Deli" wird vom Michelin geehrt: Es führt einen „Bib Gourmand" für seine sorgfältig zubereiteten und preiswerten Speisen.

Die genießt man entweder drinnen, unter den Stahlträgern des entkernten ehemaligen Fabrikgebäudes oder auf den gewaltigen Ledersofas in der Lounge mit ihrem Schachspiel und dem Humidor für edle Zigarren. Oder eben draußen, im Strandkorb unter dem Donnern des Wasserfalls am Niagaraplatz. Die Speisekarte mit „Crispy Octopus" oder „Seeteufel-Saltimbocca" ist kurz, aber sehr fein. Der Spruch des Tages stimmt auf die lockere Atmosphäre im „Deli" ein, da heißt es zum Beispiel: „Freitag! Prinzipiell erst mal ausrasten. Danach sehen wir weiter." Eine Kinderkarte gibt es nicht, kleine Gäste können bestellen, worauf sie Lust haben. Das Küchenteam um Chefkoch Stephan Mießner, der seinen Michelin-Stern seit 2014 hält, macht fast alles möglich.

Industrie-Schick trifft Retro-Charme in der Zeitenströmung

Lage:
Einfahrt über die Königsbrücker Straße 96, 01099 Dresden, gegenüber der ehemaligen „Heeresbäckerei" (heute ein Einkaufsmarkt, ein griechisches Restaurant und ein Markt für Künstlerbedarf)

Anfahrt: kostenfreie Parkplätze hinter der Halle, weitere zum Bezahlen sind auf dem Gelände reichlich vorhanden, Straßenbahnlinie 7/8 Haltestelle An der Heeresbäckerei

Restaurant:
- Elements DELI & Restaurant: geöffnet Montag bis Samstag 11 bis 23 Uhr; Königsbrücker Straße 96, 01099 Dresden, Tel.: 0351 2721 696, *restaurant-elements.de*

23 Die Hellerberge

WEISSER FLECK MIT DUNKLER GESCHICHTE

Hier ist
nichts. Wer auf
der Landkarte die
Hellerberge sucht,
der sieht zwischen
den letzten Häusern der
Albertstadt und den ers-
ten Bäumen der Dresdner
Heide einen weißen Fleck.
In Wirklichkeit ist er, je
nach Jahreszeit, sandgelb,
herbstbraun oder birken-
bis kieferngrün, aber tatsächlich war und ist die
Heidelandschaft am
Heller eine Lücke im
Norden der Stadt.

Nie in der Geschichte Dresdens standen hier Häuser, gab es feste Straßen oder verzeichnete Wege.

Verlässt man die schmalen, sich endlos verzweigenden Pfade, versinkt man im Sand, und wer sich zum Picknicken niederlässt, der wird von Ameisen in den Po gebissen. Dafür tragen die Dresdner im Herbst Körbe voller Birkenpilze hier weg, und die vielen seltenen Tier- und Pflanzenarten haben den Heller kürzlich zum Naturschutzgebiet gemacht.

Unter dem Sand dieser Dünenlandschaft, die heute von Birken, Stieleichen und Heidekraut zurückerobert wird, liegt viel Geschichte. Darauf weisen die seltsamen Gestalten hin, die mit Metalldetektoren über die Hellerberge ziehen, auf der Suche nach Patronenhülsen und anderen Artefakten diverser Kriege.

Namensgebend für die Hellerberge war wohl das Gasthaus „Zum letzten Heller", das fast 300 Jahre lang am nördlichen Rand dieses Gebiets stand. Mit den Sonntagsausflügen der Dresdner war allerdings dann Schluss; zu gut eignete sich die stadtnahe Wildnis für militärische Übungen. Nachdem man das Waldgebiet gerodet hatte, war der Heller mehr als 150 Jahre als militärisches Sperrgebiet unzugänglich für die Bevölkerung der Stadt. Erst exerzierte hier das sächsische Heer, dann nutzten die Wehrmacht und die SS das Gelände und schließlich während der DDR-Zeit Nationale Volksarmee und die Sowjetarmee.

Sehr traurig ist die Erinnerung an das „Judenlager" am Heller, wo jüdische Dresdner Zwangsarbeit für die Firma Zeiss Ikon in den Goehle-Werken leisten mussten. Nachdem sie 1943 nach Auschwitz deportiert wurden, diente das Gelände als Entbindungslager (allein das Wort!) für Zwangsarbeiterinnen aus Osteuropa, deren Babys bewusst schlecht versorgt wurden und großteils schnell starben. An sie erinnert heute noch eine Grabstätte auf dem angrenzenden St.-Pauli-Friedhof; vom „Judenlager" selbst ist nur eine kleine Infotafel am Beginn des Hammerwegs geblieben.

Nach dem Zweiten Weltkrieg bot der Heller Platz – Platz für die Selbstversorgung der Dresdner, die auf dem Areal des ehemaligen Flughafens (des ersten von Dresden!) die größte Schrebergartensiedlung Deutschlands anlegten; Platz auch für die Unmengen an Schutt, die aus dem zerstörten Stadtzentrum abtransportiert wurden. Damals entstanden zwei Trümmerberge, die heute bestiegen werden können. Zumindest der Aufstieg auf den südlicheren der beiden lohnt sich.

Nach seiner kriegerischen Vergangenheit ist der Heller nun in einen tiefen Dornröschenschlaf gefallen. Gruselig ist nur noch der Weg, der direkt unter dem sechs Meter hohen Sicherheitszaun der JVA Dresden vorbeiführt – immerhin gelang 2013 einem Häftling die Flucht aus dem damals modernsten Knast Sachsens, und das ganz leicht: Er gab sich als sein Zellengenosse aus, dessen Haftstrafe beendet war.

Unzählige Sandpfade durchziehen die Hellerberge

Der „Hellerblick" ist ein Geheimtipp der Neustadt-Bewohner, denn er bietet nicht nur ein fantastisches Panorama der Stadt, sondern hier herrscht auch häufig ein schneidender Nordwind, der hervorragende Bedingungen zum Drachensteigen bietet. In den Dünen der Hellerberge trifft man neben Spaziergängern und Mountainbikern auch Naturliebhaber, die dort auf den Spuren des Russischen Bären oder der Spanischen Flagge durchs Gesträuch kriechen – wonach suchen die wohl?

Auf dem Hellerblick, alias „Halde 2", lässt es sich super Drachen steigen

Lage:
zwischen Stauffenbergallee im Süden und Moritzburger Weg im Norden, 01099 Dresden

Anfahrt: über Königsbrücker Straße, parken am besten an der Heeresbäckerei oder an der Fabricestraße auf Höhe der Bundesanstalt für Arbeitsschutz; Straßenbahnlinie 7 Haltestelle Heeresbäckerei, dann zu Fuß über Fabrice-straße zum Hellerblick; alternativ mit Bus 64/70/76/81 bis Haltestelle St.-Pauli-Friedhof und zu Fuß über Hammer-weg bergauf bis zum Trümmerberg

Aktivitäten:
- Wanderung über den Heller: ca. 3,5 Kilometer vom Hel-lerblick im Süden zum Moritzburger Weg im Norden (Markierung grüner Kreis)
- St.-Pauli-Friedhof: geöffnet täglich 8 bis 20 Uhr; (einzi-ger!) Eingang Hechtstraße 78, 01127 Dresden

Dresdner Süden

Der Dresdner Süden: viel Neues überdeckt noch mehr Geschichte

Dresdner Süden

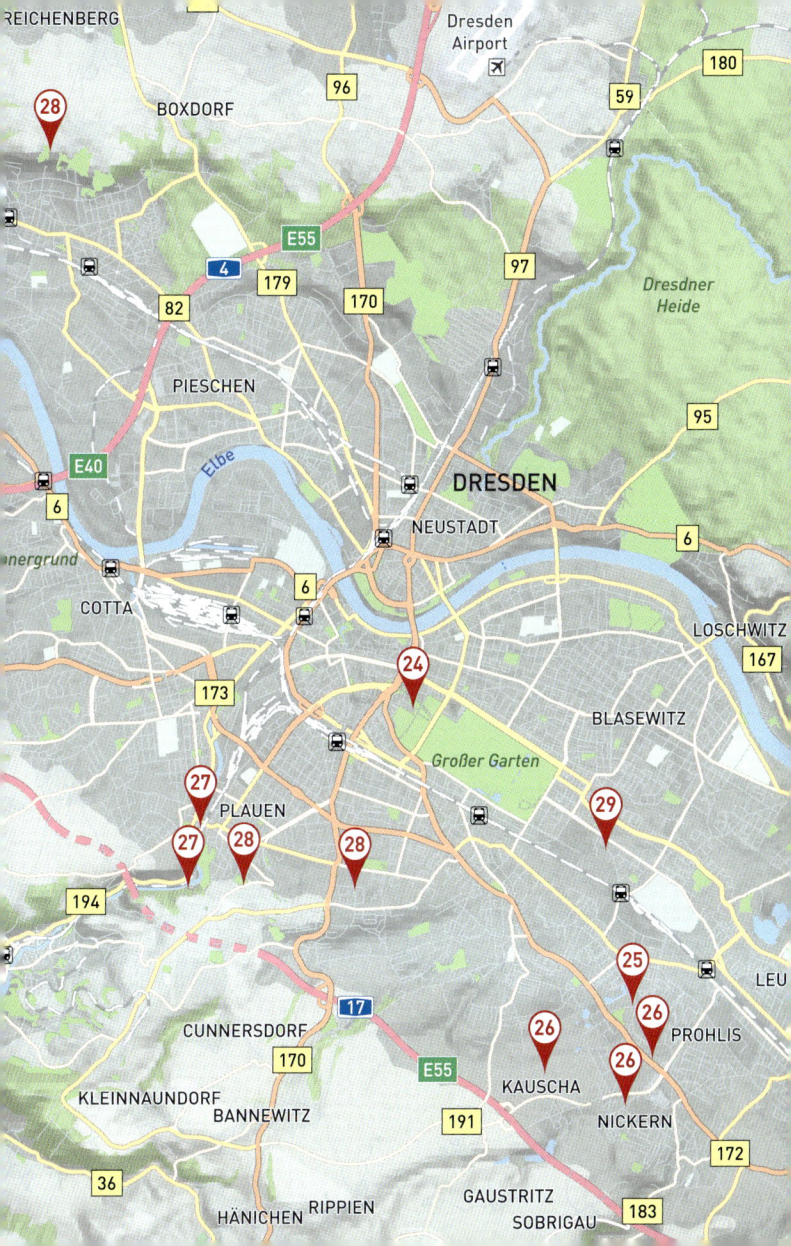

24 Hygiene-Museum

FASZINATION MENSCH

Das Deutsche Hygienemuseum ist eine echte Dresdner Institution. 1912 gegründet vom Dresdner Industriemagnaten und Selfmade-Millionär Karl August Lingner, gehört das monumentale Gebäude am Rand des Großen Gartens heute zu den meistbesuchten Museen der Stadt. Und das, wo es um Hygiene geht?

Namensgebend war die Idee für das Museum, die Lingner nach der I. Internationalen Hygiene-Ausstellung 1911 in Dresden kam. Der Erfinder des Odol-Mundwassers wollte eine „Volksbildungs- stätte für Gesundheitspflege" in seiner Heimatstadt schaffen, in einer Zeit, als auch die ärmere Bevölkerung in Deutschland zunehmend in den Genuss verbesserter hygienischer Bedingun- gen kam.

Fließendes Wasser, große Fenster in Mietwohnungen und die Bedeutung von Bewegung an der frischen Luft für einen gesun- den Körper waren damals sehr in Mode, genauso wie die Vor- stellung, dass man sich selbst bilden und aufklären sollte, wie ein gesundes Leben zu führen war. Dresden war mit seiner Vorzeige- siedlung, der Gartenstadt Hellerau, Vorreiter in dieser Bewegung und galt als eine der gesündesten Städte Deutschlands.

Im Hygienemuseum, das seit der II. Hygiene-Ausstellung 1930 in seinem heutigen Gebäude sitzt, geht es aber nicht ums richtige Händewaschen und die Bedeutung von Frühsport! Technisch und museumspädagogisch bahnbrechende Ideen wie der Gläserne Mensch (seine Nachfolgerin, die Gläserne Frau, gibt es heute noch), in Wachs gegossene Nachbildungen von Krankheiten aller Art und Informationen zur gesunden Ernährung machten den Anfang.

Heute streift man in der Dauerausstellung „Abenteuer Mensch" durch sieben Themenräume voller spannender Exponate zum Anfassen und Ausprobieren, die Themen wie Genetik, Sexualität oder das Gehirn aufgreifen. Regelmäßig wechselnde Sonderaus- stellungen mit Titeln wie „Glück – was ist Glück?", „Shine on me. Wir und die Sonne" oder „Future Food" locken immer wieder neu ins Hygienemuseum, und es lohnt sich jedes Mal.

Wie man den Menschen, seinen Körper und dessen Gesund- erhaltung angemessen in einem Museum präsentiert, das wurde in der Nazi-Zeit, in den 40 Jahren der DDR und in den mittlerweile

30 Jahren danach sehr verschieden interpretiert und umgesetzt. Beim Publikum beliebt war das Hygienemuseum in jeder Epoche, und es geht mit der Zeit – das zeigt schon die behutsame Sanierung, bei der das monumentale Bauwerk mit viel Glas etwas offener und freundlicher gemacht wurde. Auch von innen ist das Hygienemuseum ein Augenschmaus.

Schon als Kind habe ich viel Zeit in den Ausstellungen verbracht, mit der Schulklasse und an verregneten Wochenenden. Was gab es dort nicht alles zu bestaunen, von der Eisernen Lunge für Polio-Kranke bis hin zu den eklig realistischen, aus Wachs nachgebildeten Modellen von Haut- und Geschlechtskrankheiten! Durch die riesige Dauerausstellung des preisgekrönten Museums führte uns damals Maskottchen „Kundi", der uns mit sei-

Eingangsportal des DHMD

nem Zauberfernrohr beim Zähneputzen zuschaute und kritisierte, wenn wir nachlässig schrubbten. Weil man ihm deshalb Stasi-Methoden vorwarf, verschwand der kleine Kerl nach der Wende.

Heute haben Kinder ihren eigenen Bereich im Hygienemuseum: Das Dresdner Kinder-Museum spricht seit 2005 mit seiner Ausstellung „Welt der Sinne" Kinder ab etwa fünf Jahren an. In einem eigenen, 500 Quadratmeter großen Ausstellungsbereich können die kleinsten Besucher nach Herzenslust alles anfassen, ausprobieren, anhören und beschnuppern – und dabei ihre fünf Sinne kennenlernen. Dafür wurden eigens neue Exponate, Tastmodelle und Experimentierstationen entwickelt und von Grundschulkindern getestet.

Wer mit Kindern nach Dresden kommt, für den ist ein Besuch im Hygienemuseum Pflicht – und es ist auch für Eltern ein großer Spaß, kichernd durch das Spiegelkabinett oder behutsam durch den stockfinsteren Tast-Tunnel zu tappen, über optische Täuschungen zu lachen oder über den von oben erklingenden Pups. Schon ab dem Vorschulalter ist aber auch die Dauerausstellung durchaus kindertauglich.

Besonders schön ist am Hygienemuseum sein Gesamtpaket für Besucher: Neben den obligatorischen Führungen und dem gut sortierten Museumsshop gibt es ein beliebtes Frühstücksangebot und generell leckeres Essen im geräumigen Restaurant, viele Lesungen, Workshops und Veranstaltungen für die interessierte Öffentlichkeit – ganz im Sinne der von Lingner angestrebten Aufklärung.

Lage:
Lingnerplatz 1, 01069 Dresden, direkt neben dem Georg-Arnhold-Bad und dem Fußballstadion, gegenüber liegt der Große Garten

Anfahrt: kostenpflichtiges Parken auf den Straßen ringsum (am Wochenende kann es eng werden!), Straßenbahnlinie 10/13 Haltestelle Georg-Arnhold-Bad oder Buslinie 75 Haltestelle Hans-Dankner-Straße

Öffnungszeiten: Dienstag bis Sonntag 10 bis 18 Uhr, Kassenschluss: 17:30 Uhr, Restaurant „museumsküche" geöffnet Dienstag bis Sonntag 10 bis 18 Uhr; Tel.: 0351 206787 82

Eintritt: Erwachsene 9 EUR, Kinder bis 16 Jahre sind kostenfrei, Familienkarte 14 EUR, Anmeldung zu Führungen Tel.: 0351 4846 400 (Montag bis Freitag 10 bis 12 und 13 bis 16 Uhr), die DHMD-App für den Ausstellungsbesuch gibt es für iPhone und Android.

Website: *dhmd.de*

EHRENRETTUNG FÜR PROHLIS

Prohlis, ein riesiges Plattenbau-Gebiet am südwestlichen Stadtrand, kennt jeder Dresdner. Wer hier nicht selbst wohnt, fährt definitiv nicht hin. Touristen sieht man erst recht nicht – was sollten sie dort auch?

Psst – wenn Sie Dresden besuchen oder auch hier leben, dann sollten Sie auf jeden Fall mal nach Prohlis fahren. Selbst lang-jährige Bewohner des Neubaugebiets sind erstaunt, wie viel Geschichte in ihrem Stadt-teil steckt, der auf den ersten Blick so trist und geschichtslos wirkt.

Prohlis ist sozusagen die Wiege der menschlichen Besiedelung Sachsens: Bei Grabungen auf dem Gelände des heutigen Freibads fanden Archäologen den Eckzahn eines Wollhaarmammuts, der mehr als 50.000 Jahre alt sein soll. Die ersten Spuren menschlicher Besiedlung in Prohlis sind

Im Palitzsch-Museum

7000 Jahre alt. Gleich nebenan führt der Archeo-Pfad interes-sierte Besucher zu den Überresten einer steinzeitlichen Kreis-grabenanlage, die einzigartig in Europa ist.

Prohlis blieb aber auch in jüngerer Geschichte ein heißes Pflas-ter; hier lebte im 18. Jahrhundert ein echter Star! Da, wo heute die 17-Geschosser aufragen, lag bis nach dem Zweiten Weltkrieg ein Dorf, von dem heute nur noch ein einziges Gebäude erhalten ist. In diesem Haus lebte ein außergewöhnlich kluger Mann. Johann Georg Palitzsch (1723 bis 1788) war zwar nur wenige Jahre zur Schule gegangen, aber das hielt ihn nicht davon ab, sein Leben lang zu lernen. Nach dem Siebenjährigen Krieg, der in Europa Hungersnöte zur Folge hatte, baute er als erster Bauer im Elbtal Kartoffeln an. Später errichtete er auf dem Turm des Dresdner Schlosses den ersten Blitzableiter – er hatte von der neuen Erfin-dung Franklins gelesen.

Im Selbststudium bildete sich Johann Georg Palitzsch zum international anerkannten Fachmann für Physik, Botanik und Astronomie weiter, sammelte Pflanzen und Mineralien und legte eine große Bibliothek an – von der leider kaum ein Buch erhalten geblieben ist. 1785 entdeckte er bei Himmelsbeobachtungen als erster den Halleyschen Kometen wieder, dessen Rückkehr Edmond Halley 1705 exakt so vorausberechnet hatte. Umso bitterer für Astronomie-Fans, dass Sachsen als einziges ostdeutsches Bundesland 2007 den Astronomie-Unterricht in Schulen abschaffte.

Das sympathisch rumpelige Arbeitszimmer des schlauen Bauern kann man im Palitzsch-Museum sehen, das im ausgebauten Dachboden eben jenes letzten erhaltenen Bauernhauses untergebracht ist – genauso wie den Nashornzahn und eine überraschend umfangreiche Astronomie-Abteilung samt digitalem Mini-Planetarium.

Das Palitzsch-Museum, das zu den Technischen Sammlungen in Striesen gehört, blickt nicht nur weit in die Vergangenheit und ins Weltall. Es schaut sich auch mutig und unvoreingenommen die jüngere Geschichte seines Standorts an – hier werden ohne jede politische Wertung Originalmodelle der Prohliser Plattenbauten aus DDR-Zeiten gezeigt und die Charakteristika des sozialistischen Wohnungsbaus untersucht.

Eine riesige Karte des alten Dresdens

Das alles scheint zuerst völlig willkürlich zusammengewürfelt. Aber irgendwie hängt eben doch alles mit allem zusammen; das erschließt sich spätestens im Gespräch mit dem Museumsleiter, Peter Neukirch, der immer Zeit für seine (wenigen) Besucher hat. Steinzeitliche Artefakte,

Häusermodelle und Landkarten aus drei Zeitepochen lassen uns darüber nachdenken, wie wir Menschen leben – früher und heute.

Im Gästebuch haben zahlreiche Besucher ihre Freude über die kleine, feine Ausstellung verewigt. Architekturstudentinnen, Hobby-Astronomen und Steinzeitfans kamen sogar aus Südkorea hierher.

Am liebsten hat es Herr Neukirch, wenn die Kinder aus Prohlis mit ihren Lehrerinnen und Lehrern im Museum sind. Sie gehen mit einem veränderten Selbstbild nach Hause: Ihr vielfach verachteter Stadtteil ist ja richtig sehenswert!

Lage: Gamigstraße 24, 01239 Dresden

Anfahrt: aus dem Stadtzentrum über Dohnaer Straße oder Altreick nach Prohlis, parken am Straßenrand, oder mit Straßenbahnlinie 1 Haltestelle Jacob-Winter-Platz, Straßenbahn 9/13 Haltestelle Altreick oder Buslinie 66 Haltestelle Gamigstraße

Öffnungszeiten: Mittwoch bis Sonntag 13 bis 18 Uhr

Eintritt: Erwachsene 4 EUR, Kinder 3 EUR, freitags freier Eintritt

Website: *palitzsch-museum.de*

HINWEISE:
- Die Jahreskarte für 30 EUR gilt auch für die Technischen Sammlungen in Striesen und einige weitere Museen in Dresden.
- Das kleine Planetarium wird für Besucher gern angeschaltet, einfach Bescheid sagen. Vor dem Gebäude steht eine Sonnenuhr in Form einer Kartoffel – warum wohl?
- Der Zugang zum Museum ist barrierefrei.

26 Der Archeo-Pfad

DRESDENS UNSICHTBARSTE ATTRAKTION

Jeder kennt die Pyramiden oder Stonehenge – Weltkulturerbestätten aus der frühen Geschichte der Menschheit. Eine vielleicht noch bedeutendere Stätte liegt im Dresdner Süden. Im Stadtteil Nickern wurden die ersten Monumentalbauten der menschlichen Zivilisation in ganz Europa entdeckt.

Als nach der Wende der Autobahnzubringer für die A17 gebaut wurde, stießen Archäologen auf vier riesige Kreisgrabenanlagen mit bis zu 130 Metern Durchmesser. Zum Vergleich: Ein solcher Graben würde die komplette Altstadt Dresdens samt Semperoper, Frauenkirche und Kreuzkirche umspannen. Mehr als 5000 Eichenstämme wurden für diese Anlagen verbaut.

Die prähistorischen Anlagen am Stadtrand von Dresden entstanden zwischen 4800 und 4600 v. Chr. Ob es Tempel, Sternwarten oder Wochenmärkte waren, weiß bisher niemand – es fehlen Schriftfunde, die wie in den Pyramiden Aufklärung geben könnten.

Man geht davon aus, dass die Ringgräben von Bauern angelegt wurden, die in großen Langhäusern lebten – in einer gut organisierten Gesellschaft. Nach nur 200 Jahren verließen sie aber ihre Kreisgräben wieder; ähnliche Anlagen aus der Bronzezeit wurden erst 3000 Jahre später angelegt. Was zwischendurch in Dresden los war, liegt im Dunkeln.

Erkennbar sind die Anlagen für das Laien-Auge nicht. Rekonstruktionen zeigen kreisrunde, etwa zwei Meter tiefe Gräben mit einem Durchmesser von 20 bis 130 Metern und vier Seitenöffnungen. Im Laufe der Zeit füllten sich die Gräben mit Erde, weshalb man solche Kreisgrabenanlagen mit viel Glück (etwa in Kyhna bei Delitzsch) noch aus der Luft erkennt – das Gras wächst an den aufgefüllten Stellen dichter. In Nickern hat wild wucherndes Gebüsch die Ausgrabungsstellen nach wenigen Monaten wieder überdeckt; aus Kostengründen wurde nur ein kleiner Teil der Anlage, nämlich der, auf dem der Autobahnzubringer gebaut werden sollte, überhaupt freigelegt.

Wer die ausgegrabenen Artefakte und die Modell-Nachbildungen der Kreisgrabenanlagen von Nickern sehen will, der muss nach Chemnitz ins Staatliche Museum für Archäologie fahren. Wer aber mit eigenen Füßen dort stehen will, wo vor 7000 Jahren der kulturgeschichtliche Bär steppte, der kann seit Mai 2020 auf dem Archeo-Pfad von Dresden-Prohlis nach Kauscha laufen.

Über elf Kilometer erstreckt sich der Rundwanderweg, der zu Fundstellen von Steinzeit- und Bronzezeit-Siedlungen, langobardischen Gräberfeldern, slawischen und kaiserzeitlichen Siedlungen führt – und den vier Kreisgrabenfeldern. Der Nickerner Heimatforscher Steffen Bösnecker wollte dem Geschichtswanderweg eigentlich den Namen „Via Neolithica Dresdensis" geben. Aber heute umfasst der Weg auch noch Funde aus anderen Epochen und zeigt, dass die Geschichte der Menschen im Elbtal schon vor 25.000 Jahren, während der Weichsel-Eiszeit, begann.

Beginnend am Palitzsch-Museum in Prohlis, wo auf die lange Geschichte dieses Stadtteils eingegangen wird, führt der Pfad über die breite Dohnaer Straße und dann in einer großen Runde auf die sanften Hänge von Nickern und Kauscha hinauf, wo sich

Rekonstruktion einer Kreisgrabenanlage

ein schöner Blick auf das Dresdner Elbtal bis zu den Tafelbergen der Sächsischen Schweiz auftut. Alle paar Hundert Meter wartet eine weitere Infotafel mit einem Text, Fotos von Ausgrabungsstücken, Karten und historischen Bildern, die auf einem Zeitstrahl übersichtlich eingeordnet sind. Selbst wenn man von dem Grab des langobardischen Paars aus der Zeit der Völkerwanderung, den ausgedehnten Siedlungen und den Gräberfeldern aus der Jungsteinzeit nichts mehr sieht, ist der Reichtum an Geschichte, der hier unter unseren Füßen liegt, faszinierend.

Das steinzeitliche Mitteleuropa sah wahrscheinlich ganz anders aus, als wir es uns vorstellen. Auch die Kulturlandschaft des Elbtals gab es damals bereits, mit weiten Wiesen und Feldern. Wer von Süden auf dem Fluss herkam, der sah von dessen Ufern bereits die Kreisgrabenanlagen aufragen – nicht nur eine, sondern viele.

Lage: Der Archeo-Pfad zwischen Prohlis und Kauscha ist ein Rundweg von ca. elf Kilometern. Er führt großteils auf ebenen Wegen, zum Teil auf Fußwegen am Straßenrand entlang und kann sowohl zu Fuß als auch mit dem Fahrrad begangen werden, 01239 Dresden.

Anfahrt: Start am Palitzsch-Museum in Prohlis, Gamigstraße 24, oder Bushaltestelle Altnickern am Schloss Nickern der Linie 88 (wo sich gleich zwei Infotafeln in nächster Nähe befinden), oder an der Bushaltestelle Kauscha am höchsten Punkt der Runde. Über den alten Postweg gelangt man zum Aussichtspunkt am Trutzsch, wo Funde aus der Bronze- und Eisenzeit entdeckt wurden.

HINWEIS: Auf den Infotafeln ist der Weg leider nicht verzeichnet, nur einige Wegweiser geben Hinweise über die Richtung. Am besten nimmt man sich im Palitzsch-Museum einen Flyer mit, auf dem der Rundweg markiert ist.

DER DRACHE IM FELSENKELLER

Die wilde Geschichte vom „Eiswurm", der auf den Bierfässern der Plauener Felsenkellerei hocke und das dafür in den Keller gelegte Kühl-Eis abschlecke, wurde damals von einem Bankier in fröhlicher Runde zum Besten gegeben. Der Drache sollte schuld sein, dass trotz der Kühlung das Bier hin und wieder nicht schmeckte. Auch wenn man darüber heute nur lachen kann, sank durch die Gruselgeschichte damals angeblich der Wert der Brauerei-Aktien – ein schönes Beispiel für die Macht der Gerüchte.

In Dresden soll es einen Drachen geben? Ich schwöre, es stimmt – ich habe ihn gesehen! Auch wenn der Kleine viel harmloser aussieht als auf dem Logo der Dresdner Felsenkeller-Brauerei, hat er 1862 einigen Dresdnern einen gehörigen Schrecken eingejagt.

Spätestens als Carl Linde 1876 die Kältemaschine auf der Basis von Ammoniak erfand (die Linde AG verkauft noch heute Kühlmaschinen) und der Drache keine Eisblöcke mehr schlecken konnte, verebbten die Gerüchte. Die Felsenkeller-Brauerei verewigte 1887 den Eiswurm in ihrem Logo und ließ sogar die Adresse ihres Firmensitzes umbenennen – für die damalige Zeit beachtliche PR-Bemühungen, die leider nicht fruchteten.

Den Felsenkeller selbst gibt es zwar noch: Heute ist das Gelände ein Industriedenkmal am

Im Felsenkeller kühlt man heute elektrisch

südlichen Stadtrand. Die Brauerei, einstmals zu den größten von Deutschland gehörend, musste umziehen ins weniger schicke Coschütz, wo auch das bekanntere Feldschlösschen-Bier gebraut wird. Das berühmte Radeberger Bier dagegen wird in Radeberg hergestellt, nicht in der Semperoper!

Trotzdem ist der Eiswurm noch für etwas gut: Mit ihm kann man lauffaule Kinder anspornen, denen der Spaziergang entlang der Weißeritz zum Felsenkeller und weiter zum Hohen Stein in Dresden-Plauen zu anstrengend ist.

Vom alten Dorfkern an der Zwickauer Straße in Plauen geht es zur schön restaurierten Bienertmühle, einer Dresdner Institution: Einst war sie die modernste Mühle Sachsens, noch bis 1991 diente sie ganz Dresden als Brotfabrik. Die namensgebende Familie Bienert eröffnete den ersten Kindergarten Dresdens, damals noch unter dem Namen „Kinderaufbewahranstalt". Kinderlachen hört man heute wieder aus den schicken Eigentumswohnungen, die in der ehemaligen Ruine entstanden sind.

Die wilde Weißeritz, die aus dem Erzgebirge in die Elbe fließt, wurde im Laufe der Jahrhunderte von den Dresdnern immer

Blick von der „Felsenkeller Bastei" in Richtung Freital

stärker eingedämmt, in Tunnel und Unterführungen gezwängt. 2002 brach sie aus ihrem Bett aus, überflutete mit ungekannter Wucht Dörfer und Straßen, riss Autos und Häuser mit sich und setzte den Hauptbahnhof mehrere Meter hoch unter Wasser. Heute fließt sie wieder harmlos in ihrem steinernen Bett dahin.

Durch ein Wäldchen, das den Namen eben erst zu verdienen beginnt, läuft man über das ehemalige Mühlenwehr über die Weißeritz, die an warmen Sommertagen Gelegenheit zum feuchtfröhlichen Zwischenstopp gibt. Ersehnten Schatten bietet bald die hoch aufragende Felswand des Plauenschen Grunds, in dem sich die Weißeritz durch den Rand des Elbtalkessels zwängt. Wer dem Plauenschen Grund weiter nach Freital folgt, der läuft durch eine zum Teil nur 60 Meter breite Schlucht, die wie ein Windkanal Frischluft in die Stadt pustet.

Vorbei an einer Glasmanufaktur und den Gebäuden der alten Felsenkellerei windet sich der Weg nach links, bevor er zu einer langen Treppe wird. Ob es 300 oder doch 350 Stufen sind, muss jeder selbst zählen – Hauptsache, man verpasst dabei nicht den Drachenhort, auf den mit frischem weißem Anstrich hingewiesen wird. Den kühlenden Eiskeller für die Bierfässer gibt es nicht mehr, der Drache ist aber noch da – und ziemlich niedlich.

Nach dem Aufstieg über die Treppe wartet oben eine Belohnung: Die Obstbäume der Kellerwiese präsentieren sich am schönsten im Frühjahr, wenn sie in Blüte stehen. Noch besser lässt sich die Wiese im Spätsommer in die Wanderung einbauen, wenn man hier Äpfel, Birnen, Kirschen und Pflaumen ernten kann.

Die wahre Krönung dieser Wanderung ist der Panoramablick auf das südliche Dresden und Freital von der steilen Abbruchkante des Plauenschen Grundes, der sogenannten „Felsenkeller Bastei". Wer noch mehr Treppen steigen mag, der kann auch noch den Aussichtsturm Hoher Stein ersteigen. Von da geht es gemütlich bergab durch die Gassen von Plauen zurück zum Startpunkt.

Info

Anfahrt: aus dem Stadtzentrum über Tharandter Straße bis Altplauen, Parkplätze in den umliegenden Straßen sind knapp! Alternativ auf halber Strecke parken am Eingang zum Felsenkeller-Areal an der Tharandter Straße (Abfahrt vor dem Ingrid-Tunnel nicht verpassen). Oder mit S-Bahn S3 oder Buslinien 62/63/85 bis Haltestelle Dresden-Plauen

Aktivitäten:
- Wanderung: Start und Ziel: S-Bahnhof Plauen, 01187 Dresden, der Weg beginnt am Flussufer vor der Brücke, Länge: ca. 2,5 Kilometer, wegen der langen Treppe nicht kinderwagentauglich
- Bienertmühle: Auf dem Gelände befindet sich das „Museum Hofmühle" mit einem kleinen Mühlenladen und Café, eine Ausstellung historischer Schokoladenformen der Plauener Firma Reiche und eine Ausstellung über das Leben der Balletttänzerin und Tanzpädagogin Gret Palucca, die mit Friedrich Bienert verheiratet war; Altplauen 19, 01187 Dresden, *bienertmuehle.com*
- Aussichtsturm Hoher Stein: geöffnet Donnerstag bis Sonntag 10 bis 18 Uhr, Eintritt kostenfrei; Zugang über Coschützer Straße/Schleiermacherstraße 01187 Dresden

28 Eins, zwei, drei

DRESDENS BISMARCKSÄULEN

Interessanterweise kam keiner der sächsischen Könige und Fürsten jemals auf diese Idee. Hätte sich so die Eroberung Dresdens durch die Franzosen oder die Preußen vermeiden lassen? Erst die Deutsche Studentenschaft regte die Errichtung solcher Türme an – aber nicht aus Vorsicht, sondern zu Ehren des Reichsgründers Otto von Bismarck.

Zwischen 1869 und 1934 wurden 240 Bismarcktürme und -säulen errichtet; nicht nur in Dresden, sondern auf der ganzen Welt. Einige stehen sogar in Tansania oder Chile. Es gibt mehrere Modellreihen; allen gemein ist, dass sie an erhöhten Orten stehen und man auf ihrer Spitze einmal im Jahr in großen Feuerschalen Gedenkfeuer entfachen wollte. Das 23 Meter hohe Elbsandstein-Modell „Götterdämmerung" auf der Räcknitzhöhe im Dresdner Süden, das – ungewöhnlich für eine Säule – viereckig ist, wurde von Wilhelm Kreis entworfen. Der baute später das Dresdner Hygiene-Museum, war aber auch ein Liebling Adolf Hitlers.

Dresden war auch vor Funk- und Fernsehzeiten schon ein Tal der Ahnungslosen, denn aus dem Elbtal konnte man nicht über die Ränder des Talkessels hinwegsehen – und damit auch Feinde nicht rechtzeitig bemerken. Eine Kette von Signalfeuern auf hohen Türmen am Stadtrand wäre praktisch gewesen.

Zur feierlichen Eröffnung des Turms zur Sommersonnenwende 1906 – die Dresdner hatten fast

50.000 Mark dafür gespendet – war Bismarck schon lange von Kaiser Wilhelm II. entlassen worden. Seiner Heldenverehrung tat das keinen Abbruch, was den Kaiser wurmte. Dem gelang es schließlich, den Patriotismus der Bismarck-Fans für seine eigenen, imperialistischen Zwecke zu nutzen – der Erste Weltkrieg ist beredtes Zeugnis davon.

Die Vorliebe der Deutschen für Pathos ließ auch nach der Niederlage 1918 nicht nach, wie jeder weiß. Die Bismarcktürme verbreiteten sich weiter über das Land, genauso wie die nationalistische Gesinnung. Den zweifelhaften Höhepunkt der ideologischen Vereinnahmung stellte die Bücherverbrennung zu Füßen des Dresdner Bismarckturms im Jahr 1933 dar, bei der Studenten unter anderem Werke der Dresdner Schriftsteller Erich Kästner und Victor Klemperer ins Feuer warfen.

Eigentlich ein Wunder, dass der Bismarckturm nach 1945 nicht einfach abgerissen wurde. Sprengen war zu teuer, also breitete man den Mantel des Schweigens über ihn. Die Stadtverwaltung benannte ihn in „Friedensturm" um, vermauerte die Tür, tilgte den Turm aus den Stadtplänen und ließ ihn fortan verfallen. Die Kinder des angrenzenden Plattenbaugebiets, das Anfang der 1980er-

Das Modell „Götterdämmerung" auf der Räcknitzhöhe

Jahre hier auf der grünen Wiese errichtet wurde, nutzten den Turm für Mutproben und vermuteten im finsteren Treppenhaus Skelette – dabei nisteten hier nur Turmfalken.

Heute thront der Bismarckturm auf der Räcknitzhöhe 187 Meter über dem Elbpegel, am Rand eines der schöneren Plattenbaugebiete der Stadt, dessen Bewohner ihn weiterhin Friedensturm nennen. Das wuchernde Gebüsch ist weg, genauso wie die Schuttberge an seinem Fuß, und man kann ihn nun besteigen – dank der jahrelangen Bemühungen eines Vereins aus Dresdner Architekturstudenten.

Der Fichteturm in Plauen

Pünktlich an seinem 100. Jubiläum war der Bismarckturm fertig saniert und hat nun ein neues Treppenhaus, das ihn zu einem begehbaren Aussichtsturm macht. Auf dem flachen Dach, zu dem 158 Stufen führen, steht heute keine Feuerschale mehr, die bei der Eröffnung für eine fünf Meter hohe Flamme sorgte. Drinnen informieren Schautafeln über die Geschichte des Turms, und die Turmfalken haben Nistkästen bekommen.

Wen die dunkle Geschichte des Bismarckturms nicht interessiert, der genießt den Rundumblick über das Dresdner Stadtzentrum und nach Süden bis in die Sächsische Schweiz und ins Erzgebirge. Nicht weit entfernt sieht man den schlanken Fichteturm im gleichnamigen Stadtpark in Dresden-Plauen. 1896 errichtet, ist er der älteste Bismarckturm in Sachsen.

Ein dritter Bismarckturm steht im Westen der Stadt, auf den Lößnitzer Weinberghängen. Wilhelm Kreis wählte hier ein anderes Design: Der Radebeuler Bismarckturm ist rund, dick und nur 18 Meter hoch. Er kann nicht bestiegen werden; das ist aber egal, denn seine exponierte Lage am Ende der „Himmelsleiter" beschert Besuchern ohnehin eine grandiose Sicht über die Stadt.

Bismarckturm:
- **Lage:** Moreauweg 1, 01217 Dresden
- **Anfahrt:** aus dem Stadtzentrum über Bergstraße/Räcknitzhöhe oder Südhöhe, Buslinie 66 bis Haltestelle Südhöhe und ca. acht Minuten Fußweg
- **Öffnungszeiten:** Anfang März bis Anfang Januar Donnerstag bis Sonntag 10 bis 18 Uhr
- **Eintritt:** frei, Spende erbeten

Fichteturm:
- **Lage:** im Fichtepark in Dresden-Plauen am Westendring, 01187 Dresden
- **Anfahrt:** aus dem Stadtzentrum über Chemnitzer Straße/Plauenscher Ring, Straßenbahnlinie 3 bis Haltestelle Kotteweg
- **Öffnungszeiten:** Anfang März bis Anfang Januar, Donnerstag bis Sonntag 10 bis 18 Uhr
- **Eintritt:** 50 Cent; Fernglas vom Turmwärter ausleihbar

Bismarckturm Radebeul:
- **Lage:** Spitzhausstraße 36, 01445 Radebeul, nahe dem Panoramarestaurant „Spitzhaus"
- **Anfahrt:** aus Dresden nach Wahnsdorf, dort auf Spitzhausstraße; oder zum Weingut Hoflößnitz, Knohllweg 37; S-Bahnlinie S1 bis Haltestelle Radebeul Weintraube, ca. zwei Kilometer Fußweg z. T. durch die Weinberge
- **Öffnungszeiten:** Aussichtsplattform vor dem Turm immer, der Turm selbst ist dauerhaft verschlossen

29 Das Panometer

DOPPELTE ZEITREISE

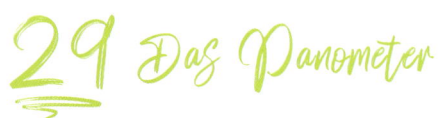

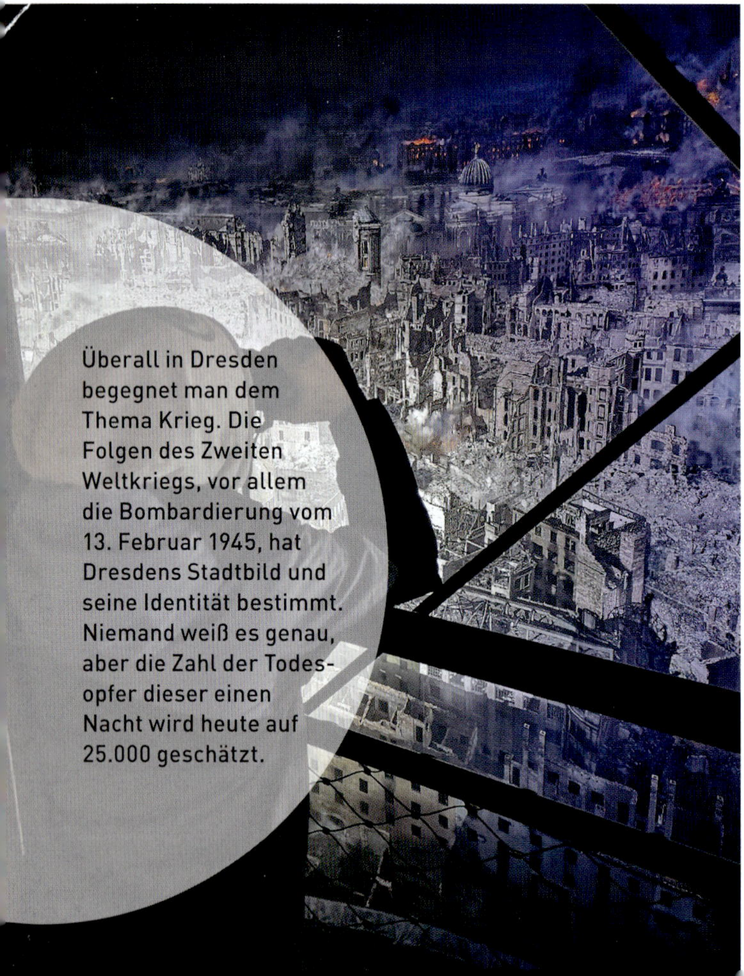

Überall in Dresden begegnet man dem Thema Krieg. Die Folgen des Zweiten Weltkriegs, vor allem die Bombardierung vom 13. Februar 1945, hat Dresdens Stadtbild und seine Identität bestimmt. Niemand weiß es genau, aber die Zahl der Todesopfer dieser einen Nacht wird heute auf 25.000 geschätzt.

Auch Besucher kommen nicht daran vorbei, was damals geschehen ist. Aber ist das wirklich ein Thema für einen Städtetrip, bei dem man Kultur genießen will? Im „Panometer", einem alten Gasspeicher im Süden Dresdens, ist man dieser Meinung durchaus. Das riesige Gebäude ist Heimat zweier 27 Meter hoher Wandbilder von Yadegar Asisi, die etwa im Jahresrhythmus wechseln.

Hat man Glück, erwischt man „Dresden im Barock"; die gefällige Ausstellung zeigt den Blick vom Turm der Katholischen Hofkirche zur Zeit der Herrschaft von Kurfürst August dem Starken, so wie ihn auch Canaletto gemalt haben könnte. In den Straßen und Gassen zwischen dem

Blick von oben auf das brennende Dresden

Zwinger und der Brühlschen Terrasse, die damals noch mit den „Brühlschen Herrlichkeiten" bebaut war, wimmelt das Leben; auf dem anderen Elbufer erkennt man das neu erbaute Japanische Palais, das der sächsische Kurfürst zum Porzellanmuseum machen wollte, weiter hinten erahnt man die Burg von Meißen.

Hinter diesem Bild hängt die Leinwand von „Dresden 1945", die einen ganz ähnlichen Blickwinkel einnimmt – nur eben knapp 200 Jahre später. Von barockem Prunk hin zu Tod und Zerstörung – der Wechsel ist krass, aber beides gehört nun mal zu Dresdens Geschichte.

163

Die Kuppel des alten Gasspeichers ist beeindruckend

Keine Sorge, allzu schlimme Eindrücke muss man auf dem Panoramabild „Dresden 1945" nicht befürchten. Auf dem 360-Grad-Rundbild von Yadegar Asisi, das den Blick vom Rathausturm zeigt, sind eigentlich nur Ruinen und Schutt zu sehen; an einer Stelle entdeckt, wer genau hinsieht, eine halb verschüttete Leiche. Was Asisi gemalt hat, entsprang nicht seiner Fantasie; das Rundbild entstand in enger Zusammenarbeit mit dem Militärhistorischen Museum, außerdem halfen dem Künstler mehr als 60 Dresdnerinnen und Dresdner, die ihm private Fotos zur Verfügung stellten und von ihren Erlebnissen aus dieser Nacht berichteten.

Die eigens komponierte Begleitmusik, die konstant im Hintergrund läuft, ist ziemlich düster. Aber wer mit den CGI-Gewittern moderner Actionfilme vertraut ist, der wird die in Licht und Ton (aber ohne Bewegung) inszenierte nächtliche Bombardierung

Dresdens gut verkraften. Bedrückender ist die Begleitausstellung auf den Zwischenetagen des Beobachtungsturms, die Schicksale einzelner Dresdnerinnen und Dresdner aufzeigt, welche diese Nacht sehr unterschiedlich erlebten.

Wem das alles zu emotional ist, der kann sich auf den technischen Hintergrund konzentrieren: Auch aus der handwerklich-künstlerischen Perspektive ist das Kunstwerk im „Panometer" durchaus bewundernswert. Es ist nämlich gar nicht einfach, so ein riesiges Gemälde auf eine gewölbte Fläche aufzutragen. Wer genau hinsieht, kann die besondere Maltechnik und die geschickt geschaffenen Perspektiven erkennen. Die perfekte Wirkung erzielt das Panoramabild wegen der leichten Krümmung und der schieren Höhe der Innenwand des Gasspeichers nur von den oberen Etagen des Beobachtungsturms, der genau in der Mitte aufragt.

Das Asisi-Rundbild ist ein spektakuläres Kunstwerk

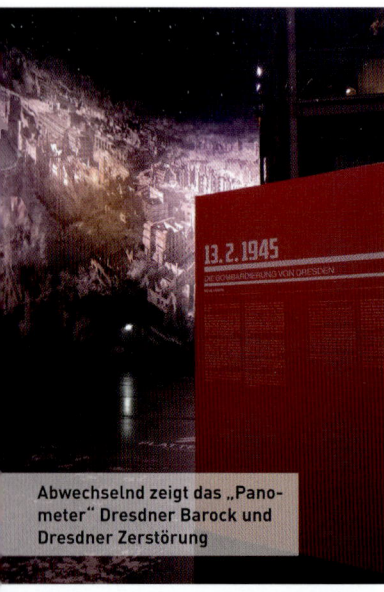

Abwechselnd zeigt das „Panometer" Dresdner Barock und Dresdner Zerstörung

Eine Ausstellung wider den Krieg

Seine fünf Stockwerke enden weit unterhalb der Kuppeldecke und machen die Dimensionen des alten Gasometers deutlich. Und dabei ist dieser Gasspeicher noch klein – ein paar Meter dahinter ragt die Ruine des 20 Jahre später errichteten, mehr als doppelt so hohen Erlwein-Speichers auf, der so groß ist, dass sich für ihn einfach kein neuer Nutzer finden will.

Der aufmerksame Betrachter entdeckt im endlosen Grau der Kriegstrümmer schließlich noch einen Farbtupfer: Zwei bunte Papageien flattern durch die Düsternis. Sie erinnern daran, dass in der Bombennacht auch viele Tiere des Dresdner Zoos starben; aber gleichzeitig wirken sie doch wie ein dringend notwendiger Hoffnungsschimmer.

Meine vierjährige Tochter fragte mich in dieser Ausstellung: „Mama, kann das wieder passieren?" Mit einem dicken Kloß im Hals versuchte ich sie zu beruhigen. Und dachte derweil bei mir, dass jeder Dresdner und jeder Deutsche – egal wie alt – diese Ausstellung einmal im Leben sehen sollte.

Der von Erlwein entworfene Gasspeicher in Dresden-Reick

Info

Lage:
Gasanstaltstraße 8b, 01237 Dresden

Anfahrt: S-Bahn S1 Haltestelle Dresden Reick oder Buslinie 64 Haltestelle Nätherstraße; mit Eintrittsticket kann man stündlich den kostenlosen Shuttlebus vom Altmarkt nutzen.

Öffnungszeiten: Montag bis Freitag 10 bis 17 Uhr, Samstag und Sonntag 10 bis 18 Uhr

Eintritt: Erwachsene 11,50 EUR, Kinder ab 6 Jahren 6 EUR, Familienkarte 29 EUR; Leih-Fernglas 2 EUR

Website: *panometer.de/dresden/panometer-dresden*

HINWEISE:
- „Dresden 1945" läuft seit Anfang 2019, die „Dresden im Barock"-Ausstellung beginnt frühestens Anfang 2021.
- Der Gasspeicher ist nicht isoliert, im Winter ist es hier ziemlich kalt, im Sommer kann es stickig werden.

Dresdner Osten

Das Blaue Wunder – die Loschwitzer Brücke

Dresdner Osten

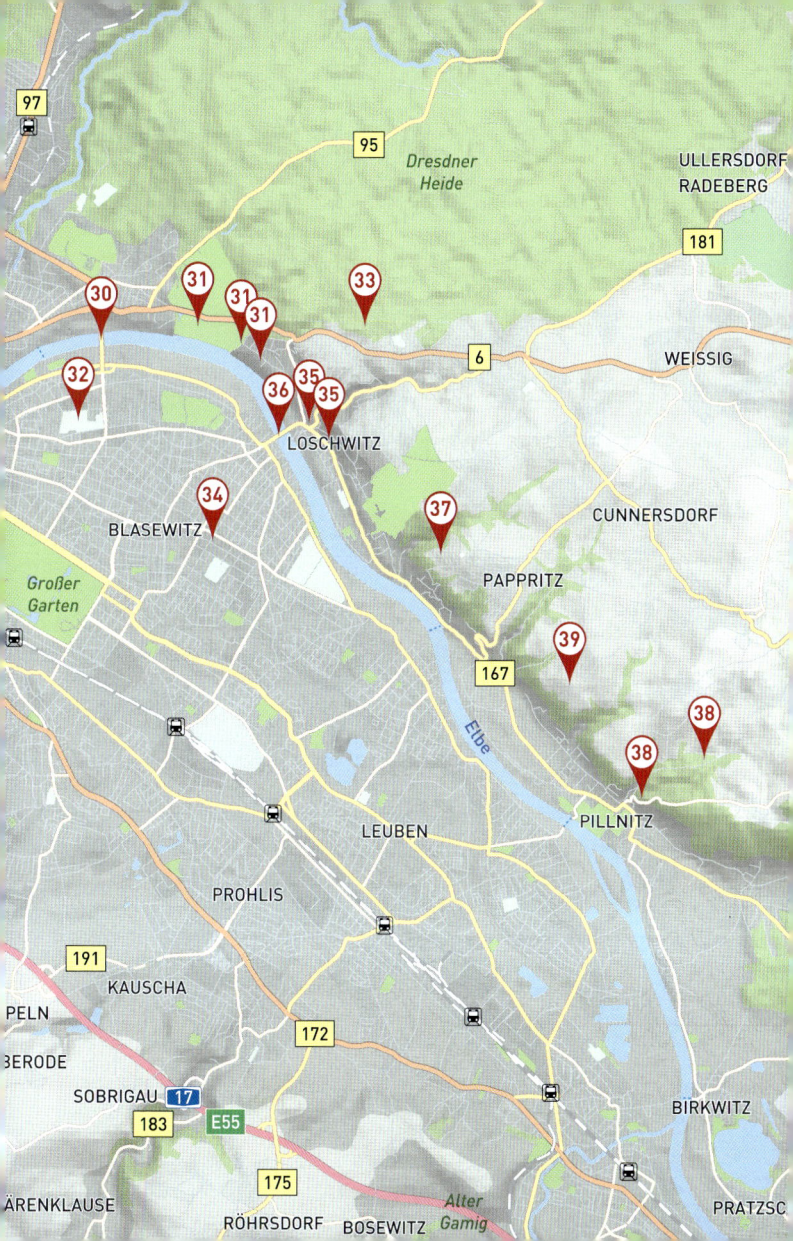

DAS VERLORENE ERBE

Fragen Sie mal die Dresdner, was für sie das Schönste in Dresden ist. Da wird bestimmt weder die Semperoper noch die Frauenkirche genannt, sondern die Elbe, die sich mitten durch die Stadt zieht. Schon seit ihrer Gründung wird Dresden vom Fluss bestimmt. Das zeigt bereits der aus dem Sorbischen stammende Name „Drežďany", der nichts weiter heißt als „Sumpfbewohner".

Der Stadtteil Übigau, eingeschmiegt in eine besonders enge Biegung des Flusses, wird von den regelmäßigen Hochwassern ebenso regelmäßig überschwemmt und ist dann eine Insel; genau wie schräg gegenüber die Friedrichstadt, wo zu Zeiten von Kurfürst August dem Starken Obst und Gemüse für die Stadt angebaut wurde und heute Dresdens Frachthafen liegt.

Wer die Elbe nicht auf dem Wasser genießt – wofür sich neben drei Elbfähren auch ein Wassertaxi, zahlreiche Partyflöße und Paddelboote diverser Anbieter eignen –, der entspannt an ihren grünen Ufern. Die können sich sehen lassen: Bis zu 400 Meter breit sind die Elbwiesen, die sich über die gesamte Länge des Flusses durch die Stadt ziehen. Wären da nicht die unverkennbare Silhouette der Frauenkirche und die vielen Menschen, die hier spazieren und radeln, picknicken, Drachen steigen lassen und ihren Hunden beim Anbändeln zuschauen, würde man nicht glauben, dass man mitten in der Stadt ist.

Für das wunderschöne Elbtal und die Kulturlandschaft, die darin über Jahrtausende gewachsen ist, erhielt Dresden 2004 den UNESCO-Weltkulturerbetitel. Schon zwei Jahre später stand das Elbtal aber auf der Roten Liste des gefährdeten Welterbes – und weitere drei Jahre später wurde der Weltkulturerbetitel wieder aberkannt.

Das war in der Geschichte der UNESCO vorher noch nie passiert – sogar die zerstörten Buddha-Statuen im afghanischen Bamyian haben ihren Welterbestatus noch, weil man sich um die Erhaltung der Stätte bemüht. Die Entscheidungsträger zeigten sich traurig und fassungslos, sie betrachteten den 25. Juni 2009 als schwarzen Tag für Sachsen und Deutschland – aber den Dresdnerinnen und Dresdnern war es egal. Ganz demokratisch hatten sie sich gegen Kultur und für Verkehr entschieden: In einem Volksentscheid 2009 stimmten knappe 68 Prozent für den Bau einer weiteren Elbbrücke und schlugen damit wissentlich den Welterbestatus ihrer Stadt in den Wind.

Zerstörerin des Weltkulturerbes: die Waldschlösschenbrücke

Nicht einmal die in letzter Minute als Verhinderungsgrund hervorgezauberte Kleine Hufeisennase, eine seltene, auf den Elbwiesen heimische Fledermaus-Art, konnte den Brückenbau ver

Von diesem Pavillon genießt man einen Traumblick auf das Elbtal

hindern. Ihr zuliebe muss man heute ab einsetzender Dämmerung mit 30 Kilometer pro Stunde über die vierspurige Waldschlösschenbrücke zuckeln. Dabei kann man nicht einmal das Panorama bewundern, weil die Planer die Brückengeländer in genauer Sichthöhe von Auto- und Radfahrern mit fledermausfreundlichen, nur nach innen gleißenden LED-Lichtstreifen versehen haben.

Elf Jahre später haben sich die Wogen geglättet. Die Zerstörerin des Welterbes verbindet seit 2013 mit ihrem weiten Bogen aus Stahlbeton die Johannstadt mit der Äußeren Neustadt. Eine Entlastung für die anderen Dresdner Brücken, von denen viele schmal und marode sind, war zweifellos nötig; aber ein Tunnel hätte es eben auch getan und wäre am Ende wohl sogar billiger gewesen als das 180-Millionen-Euro-Projekt.

Die Dresdner haben sich an das Denkmal ihrer Schmach gewöhnt und tönen selbstbewusst, ihrem Image in der Welt hätte es nicht geschadet (zweifellos tun das die seit 2015 montäglich im Stadtzentrum demonstrierenden Ausländerhasser wesentlich effektiver).

Immerhin bietet die Waldschlösschenbrücke echtes urbanes Flair: Auf ihren mit Graffiti verzierten V-förmigen Streben lümmeln sich Teenies, die coole Selfies machen, gewagte Skateboard-Tricks üben und den Blick ins Grüne genießen. Wer meint, richtig was draufzuhaben, der traut sich auf die (gesperrten!) Rundbögen hinauf, die die Fahrbahn um 28 Meter überragen.

Die Brücke beschäftigt die Gerichte derweil weiterhin. Am Ende muss sie sogar wieder abgerissen werden, weil ihr Bau nach Dafürhalten des Europäischen Gerichtshofs nicht rechtmäßig erfolgte.

Lage:
Die Waldschlösschenbrücke verbindet die Stauffenbergallee auf der nördlichen Elbseite mit der Fetscherstraße auf der Altstädter Elbseite.

Anfahrt: Fußgänger können vom Elberadweg auf beiden Seiten über Treppen in den Brückenbögen hinauf auf die Brücke steigen. Radfahrer und Fußgänger werden auf der Neustädter Seite direkt von der Brücke auf die Elbwiesen bzw. umgekehrt geleitet, ein Aufzug hilft hierbei. Schönste Aussicht auf die Brücke: vom Pavillon an der Bautzner Straße

HINWEIS: Zum Schutz der Fledermäuse gelten Geschwindigkeitsbegrenzungen von 30 Kilometern pro Stunde auf der Brücke: im April von 19 bis 7 Uhr, von Mai bis Juli von 20 bis 6 Uhr, im August und September von 19 bis 6 Uhr und im Oktober von 18 bis 7 Uhr. Die Blitzer sind immer scharf!

31 Elbschlösser

DRESDEN ROMANTISCH

Jeder, der an den Elbwiesen am Altstädter Ufer entlangfährt, dreht unwillkürlich den Kopf: Was sind das für märchenhaft anmutende Schlösser, die da hoch auf dem gegenüberliegenden Elbhang thronen?

Schloss Albrechtsberg war Adelssitz und Pionierpalast

Wer vom Stadtzentrum kommt, erblickt zuerst Schloss Albrechtsberg mit den charakteristischen Doppeltürmen. In direkter Nachbarschaft steht über den Terrassen des Dinglinger-Weinbergs das Lingnerschloss (die Namensähnlichkeit ist hier reiner Zufall). Drittes im Bunde ist das etwas rapunzelhaft anmutende Schloss Eckberg, das leicht zurückgesetzt in seinem Park liegt.

Passend umrahmt wird das Schlösser-Trio stadtwärts vom ehemaligen Wasserwerk, das heute Luxuswohnungen beherbergt, und elbaufwärts vom barocken Landhaus des Hofjuweliers Dinglinger, der für einen Großteil der Schätze im Grünen Gewölbe verantwortlich ist.

Wer hier royale Geschichte vermutet, der liegt trotzdem falsch – naja, nicht ganz. Zwar lebte in keinem der Elbschlösser jemals ein König. Aber immerhin wurde Schloss Albrechtsberg von einem

Die Innenräume der Schlösser sind nicht zugänglich

Prinzen erbaut: 1850 gab Prinz Albrecht von Preußen, der jüngste Bruder von Kaiser Wilhelm I., den Auftrag für den Schlossbau im italienischen Renaissance-Stil, der damals schwer in Mode war.

Ins Schloss zog er dann als Persona non grata ein: Der Prinz hatte sich skandalös scheiden lassen und anschließend nicht standesgemäß ein zweites Mal geheiratet – ausgerechnet die Hofdame seiner Exfrau, die Tochter des preußischen Kriegsministers. Seine neue Angetraute Rosalie war am preußischen Hof unerwünscht, und so zogen die beiden von Berlin nach Dresden, bekamen zwei Söhne und lebten glücklich bis ans Ende ihrer Tage.

In das Schloss nebenan, das der Prinz für seinen Kammerherrn Baron von Stockhausen erbauen lassen hatte, zog 50 Jahre später ein Bürgerlicher ein. Karl August Lingner, Kunstmäzen, Erfinder und Selfmade-Millionär, war reich und berühmt geworden dank seiner Erfindung: Das Mundwasser „Odol" wird noch heute in Dresden hergestellt. Als Sponsor und Wohltäter hinterließ Lingner überall in seiner Heimatstadt Dresden Spuren; ihm verdanken wir etwa das weltberühmte Hygiene-Museum.

Das bald nach ihm benannte Lingnerschloss gehört heute ebenfalls den Dresdnern – so hat es der Mundhygiene-Mogul in seinem Testament verfügt. Zu DDR-Zeiten traf sich hier der „Club der Intelligenz", heute kommen die Dresdner gern am Wochenende her und genießen in einem der schönsten Biergärten der Stadt den Blick über das Dresdner Elbtal. Was wir nicht mehr genießen können, ist die private Standseilbahn, mit der Lingner vom Schloss direkt ins Elbtal fahren konnte – die Bergstation ist das kleine Häuschen ganz am Ende der Biergartenterrasse.

Im Restaurant im Lingnerschloss gibt es immer ein sehr günstiges Getränk – so hat es Karl Lingner testamentarisch verfügt, genauso wie den freien Eintritt für alle Menschen in seinen Schlosspark.

Von Lingners bewegter Lebensgeschichte und seinen vielen Erfindungen und Projekten erzählt eine kleine Ausstellung im Schloss, das seit einigen Jahren von einem Verein restauriert wird. Wer hätte gedacht, dass Lingner jahrelang erfolglos versucht hatte, erst Musiker zu werden und danach als Handelsvertreter Erfolg zu haben? Dass sein Mundwasser so erfolgreich war, verdankt es dem Marketing-Genie Lingners: Er schickte junge Frauen immer wieder in die Dresdner Drogerien und ließ sie nach dem Produkt fragen – das von den überraschten Drogisten denn auch geordert wurde. Schon bald war Lingner Millionär – der Rest ist Geschichte, wie man so schön sagt.

Das Lingnerschloss, benannt nach einem Dresdner Mäzen

Nummer drei in der Liste: Schloss Eckberg

Vergessen wir nicht das Schloss Eckberg! Auch dieser Palast ist kein königlicher, sondern reines Angeberprojekt eines reichen Dresdner Kaufmanns. Johann Daniel Souchay ließ Schloss Eckberg 1859 im englischen Tudor-Stil erbauen. Später zog ein anderer Selfmade-Millionär hier ein, der witzigerweise ebenfalls mit Mundhygiene zu tun hatte: Ottomar von Mayenburg, Erfinder der Zahnpasta „Chlorodont", lebte bis 1932 im Schloss. Heute ist es ein Luxushotel, dessen wunderschöner Park mit den Tulpen- und Krokuswiesen exklusiv den Gästen vorbehalten ist.

Elbabwärts geht es demokratischer zu: Schloss Albrechtsberg war bis 1990 als erster „Pionierpalast" der DDR bekannt und wird heute noch von der JugendKunstSchule genutzt. Das Innere des Schlosses, vor allem den repräsentativen Kronensaal, darf man nur gelegentlich zu Konzerten betreten. Freien Zutritt bietet der weite, schön angelegte Schlosspark. Der ist so groß, dass man hier selbst an Wochenenden immer eine ruhige Ecke zum Picknicken findet.

Lage:
Bautzner Straße 130/132, 01099 Dresden

Anfahrt: über Bautzner Landstraße, Parkplätze vor Schloss Albrechtsberg; mit Straßenbahnlinie 11 bis Haltestelle Elbschlösser, zu Fuß und Fahrrad durch Tore in der Weinbergmauer von „unten" über den Körnerweg

Öffnungszeiten: Schlosspark bis ca. 22 Uhr; Schloss Eckberg und sein Park sind nur für Hotelgäste zugänglich

Aktivitäten:

- „Remise" Schloss Albrechtsberg: mit kleinem Museum; täglich 10 bis 18 Uhr, Schlossführungen einmal im Monat am Sonntag
- Museum im Lingnerschloss: Montag bis Freitag 13 bis 18 Uhr, Samstag und Sonntag 11 bis 18 Uhr (April bis Oktober), Samstag und Sonntag So 11 bis 17 Uhr (November bis März)

Restaurants:

- Straußwirtschaft von Lutz Müller im Kavaliershaus von Schloss Albrechtsberg: März bis November Sonntag und Feiertage 11 bis 19 Uhr, April bis Oktober zusätzlich Samstag 11 bis 19 Uhr; Wein ab 2,50 EUR, Flammkuchen ab 6 EUR; Tel.: 0172 9930205, *winzer-lutz-mueller.de/strausswirtschaft*
- Biergarten Lingnerterrassen: Montag bis Samstag 13 bis 20 Uhr, Sonntag 12 bis 20 Uhr
- Restaurant Lingnerterrassen: Dienstag bis Freitag 12 bis 20 Uhr, Samstag 12 bis 21 Uhr, Sonntag 15 bis 18 Uhr (Brunch 10 bis 14 Uhr); Tel.: 0351 456 85 10 (Tischreservierung)

32 Johannstadt

BESUCH DER PROMIS AUF DEM TRINITATISFRIEDHOF

Kein Geringerer als Caspar David Friedrich hat den Eingang an der Südseite des Friedhofs auf einem recht gruseligen Bild verewigt – und wurde 15 Jahre später nicht weit davon entfernt begraben. Wer des Malers Grab sucht, muss gute Augen haben, es ist eine sehr unspektakuläre Bodenplatte mit eingraviertem Namen.

Der fünftgrößte Friedhof der Stadt wirkt eher beschaulich denn spektakulär. Was ihm an Größe oder aufsehenerregenden Grabmalen fehlt, macht der Trinitatisfriedhof aber reichlich wett – durch die Geschichte seiner Gründung, seine illustren Begrabenen und seine künstlerische Gestaltung, die sich schon an den Eingangsportalen zeigt.

Bescheidenheit ist auf diesem Friedhof Programm, scheint es. Auch andere Dresdner Prominente, wie zum Beispiel der Mediziner Carl Gustav Carus (nach dem die Dresdner Uniklinik benannt ist) oder Friedrich Wieck, der Vater von Clara Schumann, sind unter ebenfalls sehr schlichten Gedenksteinen hier begraben. Die Suche nach ihnen macht trotzdem Spaß, sofern man das von einem Friedhofsspaziergang überhaupt sagen darf; der verwinkelte Grundriss, die bis zu 200 Jahre alten, fantasievoll gestalteten Grabstätten und vor allem die vielen uralten Bäume sorgen für eine sehr angenehme, friedvolle Stimmung.

Was macht es da, dass man beim Blick über die Friedhofsmauer moderne Glasgebäude in den Himmel ragen sieht? Der Trinitatisfriedhof liegt nun einmal mitten in der Stadt – jedenfalls heute. Als der Friedhof gegründet wurde, lag er weit vor den Toren Dresdens, und zwar aus gutem Grund: Eine Typhusepidemie, die durch die Stadt gefegt war, hatte 1814 zu den Tausenden Kriegs- und Hungertoten nach der Schlacht gegen Napoleon die vier städtischen Friedhöfe an ihre Grenzen gebracht. Seinen heutigen Namen erhielt der Trinitatisfriedhof erst 20 Jahre später, als er am ersten Sonntag nach Pfingsten (Trinitatis) erweitert wurde.

Idylle auf dem Trinitatisfriedhof

Aus Gründen des Seuchenschutzes wurde der neue Friedhof nach hygienischen Kriterien angelegt: quadratisch, symmetrisch, übersichtlich sollte er sein. Der Theologiestudent Christian Wilhelm Kranert war der erste „Bewohner", sein Grabstein wurde im Mai 1815 schon einen Monat vor Fertigstellung des Friedhofs aufgestellt. Neben seiner sind noch weit ältere Grabstätten zu finden, etwa die des Kreuzkirchen-Diakons Hermann Hahn, der 1726

Grab von Lili Elbe

von einem katholischen Söldner ermordet wurde (was im evangelischen Dresden für einen Aufstand sorgte). Seine Grabstelle zog mit vielen anderen auf den Trinitatisfriedhof um, nachdem andere städtische Friedhöfe säkularisiert wurden.

Am besten versteckt ist der Grabstein von Lili Elbe – nicht einmal die offizielle Friedhofsbroschüre vermerkt die Lage ihres Grabes. Oder seines? Ein um den Grabstein geschlungenes Halstuch und eine liebevolle Botschaft auf Papier in Klarsichtfolie lassen vermuten, dass hinter diesem Grab eine besondere Geschichte steckt.

Sie gehört zu Einar Wegener, der in Dänemark mit männlichen und weiblichen Geschlechtsorganen geboren wurde, sich aber schon als junger Mensch zu seiner weiblichen Identität bekannte: Lili Elbe eben. Er bzw. sie war mit der Designerin Gerda Wegener verheiratet und stand ihr als Modell für ihre Kostümentwürfe zur Verfügung. Als sich Lili Elbe zu einer geschlechtsangleichenden Operation entschloss, annullierte der dänische König die Ehe der beiden. Die Operation am Berliner Institut für Sexualwissenschaft war – aus fachlicher Sicht – bahnbrechend, für Lili Elbe aber tödlich. Sie starb am 12. September 1931, wahrscheinlich an den Folgen einer Transplantat-Abstoßung.

Sehr einfühlsam erzählt wird diese Geschichte in dem Film „The Danish Girl" von 2015. Erst nachdem der Film in den internationalen Kinos lief (Eddie Redmayne erhielt für seine Rolle der Lili eine Oskar-Nominierung), wurde auf Initiative und auf Kosten der Filmproduktionsfirma der Grabstein von Lili Elbe wieder aufgestellt. Die Grabstelle war in den 1960er-Jahren eingeebnet worden.

Ich würde mich freuen, wenn ich an Lili Elbes Grab nach jedem Christopher Street Day einen großen, bunten Haufen von Blumensträußen, Tüchern und Federboas finden würde. Oder überhaupt an jedem Tag des Jahres.

 **Info**

Lage:
Fiedlerstraße 1, 01307 Dresden (Haupt-eingang), ein Nebeneingang ist auf der Nordseite am Tatzberg, Höhe Hertelstraße

Anfahrt: Straßenbahnlinie 6 Haltestelle Trinitatisplatz

Öffnungszeiten: 8 Uhr bis zur Dämmerung (im Winter 16:30 Uhr, im Sommer 20 Uhr)

Website: Rundgänge und Führungen unter *johannisfriedhof-dresden.de*

HINWEISE:

- An der südwestlichen Ecke des Trinitatisfried-hofs steht die gleichna-mige Kirche. Die Open-Air-Kirche mit dem zerstörten Dach soll ein modernes Glasdach erhalten und zur offiziellen Jugendkirche werden.
- Direkt an der Ostseite liegt der Kleine Jüdische Fried-hof, wo bis 2002 die Syna-goge der Dresdner jüdi-schen Gemeinde stand. Geöffnet nur März bis Oktober Sonntag bis Donnerstag bis 17 Uhr, Freitag bis 14 Uhr
- Eine Broschüre mit 50 prominenten Grabstellen ist im Besucherzentrum erhältlich; Pläne hängen auch an mehreren Informationstafeln auf dem Friedhofsge-lände aus.
- Das Grab von Lili Elbe ist im Gräberfeld IIC: vom Haupt-eingang zum Andachtsplatz laufen, dann nach rechts; das Grab ist das dritte rechts auf dem Weg, der nach der Mauer links abgeht.

33 Der Konzertplatz am Weißen Hirsch

RETRO-CHARME UND FRISCHE LUFT

Der Name der Kneipe ging irgendwann auf das Stadtviertel über, das hier auf luftiger Höhe am Rande des stickigen Elbtalkessels aus einem kleinen Dorf am Wegrand entstand. Diese Geschichte kann man auch von anderen Stadtteilen Dresdens erzählen. Besonders am Weißen Hirsch war aber nicht nur sein Name, sondern bald tatsächlich auch die exklusive Lage.

Ein weißer Hirsch ist etwas ganz Besonderes. Der kurfürstliche Kapellmeister Christoph Bernhard muss einen in der Dresdner Heide, dem riesigen Waldgebiet im Norden der Stadt, gesehen haben – und benannte prompt die Weinschänke in seinem Winzergut nach dem seltenen Tier, die seit 1688 dort auf einem Weinberg thronte.

Zahlungskräftiges erholungsbedürftiges Publikum kam aus den Niederungen der Stadt herauf, um die frische Luft zu genießen. Bald genügten Tagesausflüge zu den Luftkuren nicht mehr, die Herrschaften verschmähten die von den Anwohnern vermieteten Fremdenzimmer und bauten Villen für ihre Sommerfrische. Auf Betreiben geschäftstüchtiger Ärzte wurde aus dem Weißen Hirsch ein offizieller „klimatischer Kurort", der seinen Gästen Kurtaxe abknöpfte. Herr Dr. Lahmann eröffnete ein „physiatrisches Sanatorium" und lockte mit seinen modernen Naturheilverfahren Tausende Patienten aus ganz Europa her.

Auf dem Weißen Hirsch wohnten damals und heute die Künstler und Wissenschaftler, Intellektuelle und VIPs, Unternehmer und hohe Beamte von Dresden; auch wenn der Vorort seit dem Ersten Weltkrieg kein Kurort mehr ist und arg unter den Kriegen, Wirtschaftskrisen und Misswirtschaften der folgenden Jahrzehnte zu leiden hatte. Die beschauliche Atmosphäre wird von der Bautzner Straße zerrissen, die täglich Tausende Pendler in endlose Staus zwingt.

Bier und Musik gibt es am Weißen Hirsch schon seit 1921

Trotzdem: Nach wie vor staunt man am Weißen Hirsch über die mehrheitlich renovierten Villen, die filigran und weiß am Waldrand stehen und sich am steilen Elbhang hinab fast aufeinanderstapeln. Die weltberühmten Lahmann-Sanatorien sind dank privater Investoren wiederauferstanden, wenn auch nur als exklusiver Wohnpark. Aber der Blick vom Obelisken auf der Friedenshöhe, der sich am Ende der Collenbuschstraße über das Elbtal breitet, weitet ganz automatisch die Lungen.

Die schmucke weiße Konzertmuschel am Weißen Hirsch passt perfekt dazu. Seit 1921 steht sie am Rand der Dresdner Heide auf dem Konzertplatz, der früher ein gepflegter Kurpark war. Auch zu DDR-Zeiten nutzten die Dresdner den Platz vor der Konzertmuschel gern und oft. Nach der Wende lag der Platz lange im Dornröschenschlaf und träumte von seinen Glanzzeiten, als hier das Wasser der Paradiesquelle in einem Trinkhäuschen als Heilwasser verkauft und von Künstlern wie Oskar Kokoschka getrunken wurde. Als man in Radfahr-Instituten die neumodische Sportart erlernen konnte, im Kurpark Tennis spielte und im Winter Schlittschuh lief. Es gab zwei Rodelbahnen und sogar eine Skisprungschanze! Von denen ist heute leider keine Spur mehr in der Dresdner Heide zu finden.

Aber wer im Winter zum Konzertplatz kommt und das lebhafte Treiben auf der 1000 Quadratmeter großen Eisfläche sieht, wo unter den schneebehangenen Ästen der hoch aufragenden Buchen bunte Lichter glitzern, wo aus der gemütlichen Blockhütte der Duft von Glühwein aufsteigt, der wähnt sich 100 Jahre zurückversetzt in die Goldenen Zwanziger. Das Sterne-Restaurant „Bean & Beluga", das Speisen weit über Biergarten-Niveau kredenzt, macht die Zeitreise rückwärts komplett.

Der Trubel vor der Konzertmuschel ist nur eine Erinnerung, sobald man ein paar Schritte in den Winterwald hinein getan hat. Wer leise genug spaziert, der kann abseits der beliebteren Spazierwege Rehe und Eichhörnchen beobachten, die sich an den aufgestellten Futterkrippen ihr Weihnachtsmahl holen. Kurzum: Ein Winter ohne einen Besuch an der Konzertmuschel ist für viele Dresdner nicht komplett.

Auch zu anderen Jahreszeiten ist ein Besuch immer zu empfehlen. Das lokale Bier im Biergarten schmeckt, der Abenteuerspielplatz beschäftigt die Kleinen und das abwechslungsreiche Veranstaltungsprogramm hat für jeden etwas parat: Im Sommer kommt der Reggae-Hase Boo her, der von der Dresdner Ska-Band „Yellow Umbrella" erfunden wurde. Oder es ist Handmade-Markt, Puppentheater, Sonntagsbrunch, Hirschfest …

Und selbst wenn mal gar nichts los ist: Die Luft fühlt sich über dem Talkessel immer etwas frischer an und das Rauschen des Waldes ist enorm beruhigend. Einatmen, ausatmen.

Lage:
Stechgrundstraße, 01324 Dresden

Anfahrt: Straßenbahn 11 Haltestelle Weißer Hirsch/Parkhotel

Öffnungszeiten: Gelände: immer, Winter: Montag bis Freitag ab 14 Uhr, Samstag und Sonntag und Ferien ab 10 Uhr

Eintritt: Das Gelände kann immer kostenfrei betreten werden. Eintritt für die Eislaufbahn: Erwachsene für zwei Stunden 5 EUR, 8 EUR Tagesticket; Kinder bis 12 Jahre 3,50 bzw. 5 EUR , Familienticket (zwei Erwachsene, zwei Kinder) 14 bzw. 21 EUR; Leihgebühren: Schlittschuhe oder Gleitschuhe 3 EUR, Fahrhilfe 2 EUR

Website: *konzertplatz-weisser-hirsch.de*

HINWEIS: Wer heute einen weißen Hirsch sehen möchte, der muss von Dresden nicht weit fahren: Im Wildgehege Moritzburg, nur eine kurze Fahrt in den Norden der Stadt, lebt so ein magisches Tier.

DRESDENS VERMÄCHTNIS UND VIEL MATHE

Wer ahnt heute noch, dass Dresden früher einmal ein Hotspot der Kino- und Fotoindustrie war? Hier spielte die Musik in Sachen Rechentechnik, Feinmechanik, Optik und eben auch Kamerabau. Diese goldene Ära endete, wie so vieles im Osten, im Jahr 1990.

Damals wurde der VEB Pentacon, bekanntester Kamera-Hersteller in der DDR, liquidiert und zog aus seinem Quartier an der Schandauer Straße aus. Der Ernemannturm, errichtet 1898 und eines der letzten Industriegebäude aus jener Zeit, ragte aber nicht lange verwaist in den Himmel über Striesen. Schon bald zogen hier die Technischen Sammlungen ein, die den gutsituierten, aber touristisch etwas armseligen Stadtteil seitdem fest auf der Dresdner Kultur-Landkarte verankern.

Blick vom Ernemann-Turm auf Striesen

Als Erbe des schon 1966 gegründeten Polytechnischen Museums verbinden diese Sammlungen alles, was Dresden an Industrie und Technik zu bieten hat(te): Neben Ausstellungen über Trickfilm und Fotografie (mit dem Nachlass des VEB Pentacon) und über Computer aus dem 17. Jahrhundert, der DDR-Zeit und von heute werden Musikinstrumente und Tonspeichertechnik (inklusive Tonstudio), eine riesige Schreibmaschinensammlung und ein Radiodepot gezeigt.

Das ist aber noch lange nicht alles! In der dritten Etage des kantigen Klinkerbaus zeigt die physikalische Ausstellung „Wellenreiter" an mehr als 50 Experimentierstationen naturwissenschaftliche Phänomene in Optik und Akustik, ansprechend aufbereitet für Jung und Alt (auf die Jüngsten wartet sogar ein eigener Erlebnisbereich mit Schiffswrack).

Tief unten im Keller versteckt sich eine Ausstellung zum Thema Feuer und Feuerwehr, wo an vereinbarten Terminen selbst gezündelt werden kann.

Hier geht es um Mathematik ...

... schon für die Jüngsten

Der Dauerbrenner für Familien befindet sich in der vierten Etage: Hier sind in zwei großen Bereichen das „Erlebnisland Mathematik" und der etwas abgetrennte Ausstellungsbereich „Epsilon" für die ganz Kleinen untergebracht. Besonders an Wochenenden gleicht die Etage einem wuseligen Indoor-Spielbereich. Dabei ist das Erlebnisland Mathematik eigentlich gar kein Kindermuseum. Man kann zwar fast alles anfassen und ausprobieren, aber das Museum ist weder ein Spielplatz, noch sind die 100 Experimente und Aufgaben für Laien selbsterklärend.

Die Mathematik-Ausstellung, 2008 von der Fakultät Mathematik der TU Dresden entwickelt, will bekannte mathematische und physikalische Phänomene und Gesetze anschaulich erfahrbar machen – mithilfe von Spiegeln und Hohlkörpern, computergestützten Malstationen, einem begehbaren Tonkreisel oder einer Modelleisenbahn, die über eine Möbiusschleife zuckelt.

Die meisten Aufgaben sind „hands on" und laden jeden zum Mitmachen ein: Wer schafft es, wie Leonardo da Vinci aus vielen kurzen Brettern eine begehbare Brücke zu bauen? Wer knackt den Code am Computer? Und wer ist geduldig genug, einen Ring so auf einer Drehscheibe zu platzieren, dass er an Ort und Stelle stehen bleibt?

Viele Eltern parken ihre Kinder hier einfach zum „Spielen" ab und setzen sich eine Etage höher ins Turmcafé, das einen wunderbaren Weitblick über den Osten der Stadt bietet. Dabei könnten Kinder und Eltern im Erlebnisland Mathematik wirklich viel lernen; wenn sie sich auf einen einzelnen Bereich konzentrieren und die Hilfe der sachkundigen Erklärer in Anspruch nehmen. Das Aha-Erlebnis, wenn ein abstrakter Sachverhalt plötzlich verständlich wird, ist auch im hohen Alter von 40 Jahren noch schön!

Die ehemaligen Fabrikhallen des VEB Pentacon

Info

Lage:
Junghansstraße 1-3, 01277 Dresden

Anfahrt: aus dem Stadtzentrum ab Rathenauplatz immer geradeaus nach Osten über Pillnitzer/Striesener/Borsberg-/Schandauer Straße, kostenfreie Parkplätze in den umliegenden Straßen; Straßenbahnlinie 4/10 oder Bus 61 Haltestelle Pohlandplatz

Öffnungszeiten: Dienstag bis Freitag 9 bis 17 Uhr, Samstag und Sonntag 10 18 Uhr

Eintritt: Erwachsene 5 EUR, Kinder ab 6 Jahre 4 EUR, Familienkarte 12 EUR, 7 EUR für Single-Eltern (ein Ticket gilt für sämtliche Ausstellungen im Gebäude), jeden Freitag ab 12 Uhr freier Eintritt!

Turmcafé: Dienstag bis Freitag 10:30 bis 17 Uhr, Samstag und Sonntag bis 18 Uhr

Website: *erlebnisland-mathematik.de*

35 Loschwitz

BERGWÄRTS SCHWEBEN

Seit 1895 bringt die Standseilbahn Erholungsbedürftige von der Dampferanlegestelle am Körnerplatz hinauf ins mondäne Villenviertel Weißer Hirsch, wo die Sommerfrische wartete; zuerst mit Dampf betrieben, seit 1909 elektrisch. Sie ist eine der ältesten Bergbahnen Europas. Auf einer Strecke von 547 Metern überwindet die führerlose Bahn einen Höhenunterschied von 95 Metern und bezwingt dabei ein Gefälle von bis zu 30 Grad. Aufregung bei Neulingen herrscht, wenn der bergauf fahrenden Bahn auf halber Strecke die talwärts fahrende Bahn entgegenkommt – denn es gibt nur ein Gleis. Aber: Genau in der Mitte umfahren sich die beiden Bahnen an einer Ausweichstelle.

Ursprünglich transportierte die Standseilbahn nicht nur Passagiere, sondern auch Kohle und Ochsen den Elbhang hinauf; und im Schutz der Dunkelheit wurden die Toiletteninhalte der Villenbewohner talwärts gebracht (die natürlich genauso müffelten wie die der armen Dresdner auf Elbniveau). Heute dient die Standseilbahn nur noch Touristen als Zeitvertreib; bei denen ist sie aber sehr beliebt. Nicht

Nicht viele Städte haben eine Bergbahn – Dresden hat gleich zwei. Die steilen Elbhänge rufen ja auch danach. Wer schon einmal die Schillerstraße in Loschwitz oder die Plattleite in Bühlau hinaufgeradelt (oder auch nur hinaufgelaufen) ist, der wünscht sich keuchend einen Lift herbei. Die Bewohner dieser wohlhabenden Viertel bekamen denn auch einen, schon vor mehr als 100 Jahren.

Mit der Standseilbahn geht es steil bergauf zum Weißen Hirsch

zuletzt, weil man an der Bergstation direkt gegenüber dem Restaurant „Luisenhof" aussteigt, das bei den Dresdnern für seine grandiose Aussicht auf das Elbtal (und den guten Brunch) berühmt ist.

Weil eine Bergbahn den lauffaulen Dresdnern offenbar nicht genügte, kann man wenige Meter weiter, am östlichen Rand des Körnerplatzes, auch noch in die Schwebebahn steigen und damit bergan nach Oberloschwitz schweben.

Auch hier heißt das Prinzip: Ein Wagen startet oben am Berg nach unten und zieht dadurch den anderen nach oben. In der Mitte der Strecke treffen sich die Waggons, sie schweben hier aber auf je eigenen Schienen aneinander vorbei – weniger aufregend, dafür mit einem schöneren Blick nach draußen, da die Bahn direkt über den Straßen und Hausdächern von Oberloschwitz schwebt.

Von der Aussichtsplattform der Bergstation, die erst 2002 hinzugefügt wurde, genießt man einen fantastischen Ausblick (und einen eher durchschnittlichen Imbiss mit Kaffee, Eis und Bockwurst). Wo noch bis 1977 ein Schwebebahnhotel stand, kann man sich heute in einem kleinen Museum über die Geschichte und die Technik der Schwebebahn informieren – was durchaus interessant ist. Auf Nachfrage wird auch der Maschinenraum aufgeschlossen, in dem man die Fördermaschine sehen kann, die das Zugseil der Schwebebahn antreibt.

Fußgänger, die durch die hübschen Kopfsteinpflasterstraßen von Loschwitz spazieren und die von Blumen berankten Künstlerhäuser bewundern, ziehen erschrocken die Köpfe ein, wenn auf dem Veilchenweg einer der Schwebebahn-Waggons plötzlich knapp über ihren Köpfen dahingleitet – geräuschlos, denn die Waggons werden von einem Seil gezogen. Nur sehr selten kommt es hier zu Unfällen, wenn ein zu hoher Lkw an der Schwebebahn hängenbleibt, der die Warnschilder mit der Höhenbeschränkung übersehen hat.

Um eine richtige Schwebebahn handelt es sich bei diesem Exemplar strenggenommen nicht, da sie nicht magnetisch schwebt, sondern an einer Schiene hängt. Trotzdem gilt die Bergbahn, die seit 1901 auf einer Strecke von 274 Metern eine Steigung von 84 Metern bezwingt, als ingenieurtechnische Meisterleistung und als erste Bergschwebebahn der Welt.

Die Schwebebahn schwebt nach Oberloschwitz

Wo früher die Dresdner für zehn Pfennige den Berg hinauf und hinabpendelten, sind heute Ausflugsgesellschaften und Familien mit schwebebahnverrückten Kindern die häufigsten Passagiere – und die Tickets deutlich teurer. Bitte nicht zu viel erwarten: Die eigentliche Fahrt dauert nur drei Minuten. Als Etappe eines ausgedehnten Spaziergangs durch Loschwitz und/oder Bühlau lassen sich die beiden Bergbahnen aber gut einbinden. Zwischen den beiden Bergstationen ist es ein schöner, wenn auch anstrengender Spaziergang von etwa 30 Minuten.

Info

Anfahrt: beide Talstationen am Körnerplatz, sehr wenige Parkplätze in den umliegenden Straßen; Buslinie 61/63/84 Haltestelle Körnerplatz; Bergstation der Schwebebahn mit Buslinie 84, Bergstation der Standseilbahn Straßenbahn 1 Haltestelle Plattleite und ca. zehn Minuten Fußweg

Standseilbahn:
- **Lage:** Talstation am Körnerplatz 3, 01326 Dresden, Bergstation an der Bergbahnstraße
- **Abfahrtszeiten:** Montag bis Freitag 6:30 bis 22 Uhr alle zehn bis 15 Minuten, Samstag und Sonntag 9 bis 21 Uhr alle 15 Minuten
- Kinderwagen und maximal sieben Fahrräder dürfen mitfahren.

Standseilbahn:
- **Lage:** Talstation an der Pillnitzer Landstraße 5, 01326 Dresden, Bergstation an der Sierksstraße 2
- **Abfahrtszeiten:** täglich 9:30 bis 20 Uhr alle 15 Minuten
- Kinderwagen und maximal vier Fahrräder dürfen mitfahren.

Fahrpreise: Erwachsene einfache Fahrt 4 EUR, Berg- und Talfahrt 5 EUR, Kinder 2,50 bzw. 3 EUR, Familienkarte (zwei Erwachsene, vier Kinder) 12,50 EUR

Website: *dresdner-bergbahnen.de*

36 Blasewitz und Loschwitz

RUND UMS BLAUE WUNDER

Die Stahlbrücke galt bei ihrer Erbauung als technisches Wunderwerk, ähnlich wie ihre Nachbarinnen, die Schwebebahn und die Standseilbahn. Ihren Beinamen verdankt sie nicht, wie oft erzählt wird, dem hellblauen Anstrich, der sie vor Rost schützen soll, sondern ihrer Bauweise: Als die 3,5 Tonnen schwere Stahlfachwerkkonstruktion 1893 eröffnet wurde, wollte niemand glauben, dass sie halten würde – ohne einen einzigen Standpfeiler im Flussbett, so etwas gab es in ganz Europa nicht.

Am Loschwitzer Elbhang lässt es sich gut leben – seit Jahrhunderten. Der Blick von unten auf den sanften Hang, wo sich von Weinreben umrankte Häuschen und Anwesen übereinander stapeln, ist fast genauso schön wie der Blick hinab aufs Elbtal mit der elegant geschwungenen Konstruktion des Blauen Wunders.

Der Beweis wurde öffentlichkeitswirksam erbracht: Mehrere Dampfwalzen, drei von Pferdegespannen gezogene Straßenbahnen, drei Wassersprenger der Feuerwehr und mehrere Kutschen sowie ein Jägerbataillon aus der Dresdner Kaserne wurden auf die Brücke gestellt. Sie hielt.

Sie hielt auch, als die Nazis im Mai 1945 Sprengladungen an beiden Enden deponierten – der Feind sollte in Dresden nur Trümmer vorfinden. Zwei mutige Dresdner, die, ohne vom anderen zu wissen, auf ihrer Seite heimlich die Zündschnüre durchschnitten, bewahrten das Meisterwerk vor der Zerstörung.

So ist das Blaue Wunder als älteste Brücke Dresdens bis heute ein Wahrzeichen der Stadt und steht ikonisch für den Osten, wo sich Loschwitz und Blasewitz in all ihrer Vorkriegspracht gegenüberliegen. Welches Viertel das schönere ist, wer soll das entscheiden?

Von der Elbe getrennt: Loschwitz (hüben) und Blasewitz (drüben)

Ein Spaziergang durch Blasewitz, entlang des Käthe-Kollwitz-Ufers oder auf der parallel verlaufenden Goetheallee, führt von einer herrschaftlichen Villa zur nächsten, der Blick bleibt an schmiedeeisernen Erkern, Holzschnitzereien, Jugendstil-Ornamenten und stuckverzierten Häuserfronten hängen. Wohlhabende Dresdner bevorzugten Blasewitz als Wohnort: Bis zu seiner Zwangs-Eingemeindung 1921 lockte der Vorort mit deutlich niedrigeren Steuersätzen. Statt Märchenprinzessinnen beherbergen die Anwesen in den riesigen Parkanlagen heute Kindergärten, Schulen und Seniorenresidenzen; am Ende der Goetheallee liegt in der hübschesten Villa von allen, der „Villa Weigang", das Dresdner Standesamt.

Die „Villa Weigang" ohne Brautpaar

Auf der anderen Elbseite bietet das deutlich dörflichere Loschwitz weniger Grandeur, dafür mehr stille Lebensart und Genuss. Am besten erkennt man das beim jährlich im Juni stattfindenden Elbhangfest, wenn im Abendrot der Wein fließt und die Menschen barfuß

**Fast schon dörflich:
Loschwitz am Elbufer**

tanzen. Zwischendurch ist es geradezu ländlich idyllisch am Elbhang, wo sich wenige Meter entfernt der Stau aus der Altstadt über das Blaue Wunder in Richtung Pillnitz schiebt.

Der Weinanbau auf den Loschwitzer Hängen kam nach Jahrhunderten wegen der Reblaus-Plage zum Erliegen; das begehrte Bauland wurde von betuchten Dresdnern gern aufgekauft. VIPs wie der Hofgoldschmied Johann Melchior Dinglinger, der Komponist Heinrich Schütz oder der Landschaftsmaler Ludwig Richter fühlten sich hier unter ihresgleichen wohl. Das erkennt man noch heute an der Architektur: Weiter oben am Elbhang stehen die repräsentativen Villen, unten lebten die Angestellten in kleineren Fachwerkhäusern und Gartenhäuschen.

Detail an einem Hauseingang in Loschwitz

In einem davon ließ sich Friedrich Schiller inspirieren – zwischen 1785 und 1787 lebte er bei seinem Mäzen im Körnerhaus am Elbufer und verfasste sein Drama „Don Carlos" und die „Ode an die Freude", später vertont als „Freude, schöner Götterfunken". Auch wenn nicht gesichert ist, dass Schiller seine Werke genau in diesem Gartenhäuschen schrieb, ist es als kleinstes Dresdner Museum einen Abstecher wert.

Prägend für beide Stadtteile sind die immer wiederkehrenden Hochwasser der Elbe. Das Jahrhunderthochwasser von 2002 war weder das erste noch das letzte, aber es stieg auf Rekordhöhen. Blasewitz ist durch die breiten Elbwiesen und das Käthe-Kollwitz-Ufer, das als Damm fungiert, recht gut geschützt. In Loschwitz sieht es anders aus: Die Hochwassermarken an den Hauswänden des Körnerwegs oder der Friedrich-Wieck-Straße zeigen eindrucksvoll die Kraft des Wassers – aber auch die Beharrlichkeit der Loschwitzer, die ihre Schmuckstücke am Elbhang immer wieder aufbauen.

Info

Lage: östlich des Stadtzentrums am Elbufer, verbunden durch das Blaue Wunder

Anfahrt: Parkhaus am Schillerplatz (Schiller Galerie), besser mit Buslinie 84 oder 61/62/63 bis Haltestelle Körnerplatz (Loschwitz) oder Schillerplatz (Blasewitz) oder auf dem Elberadweg

Aktivitäten:
- Der Ludwig-Richter-Pfad führt vom Körnerplatz die Grundstraße hinauf zum Leonhardi-Museum, über den Karl-Schmidt-Weg zur Ulrichstraße, die Malerstraße und die Krügerstraße hinab zur Bergstation der Schwebebahn; Dauer: ca. eine Stunde
- Schillerhäuschen: Samstag und Sonntag 10 bis 17 Uhr; Schillerstraße 19, 01326 Dresden, *museen-dresden.de/index.php?node=schillerhaeuschen*

Restaurants:
- Biergärten an beiden Elbufern
- Clara: Dienstag bis Freitag 16 bis 0 Uhr, Samstag und Sonntag 14 bis 0 Uhr; Friedrich-Wieck-Straße 20, 01326 Dresden, *clara-genuss.de*
- Bäckerei Wippler: Montag bis Samstag 6 bis 19 Uhr, Sonntag 7:30 bis 19 Uhr; am Körnerplatz, 01326 Dresden, *kaffee-wippler.de*
- Café Toscana: täglich 9 bis 18 Uhr; Schillerplatz 7, 01309 Dresden, *cafe-toscana.de*

37 Fernsehturm

SYMBOL DER DRESDNER HARTNÄCKIGKEIT

Von fast jedem Punkt in Dresden sieht man seine schlanke Spitze aufragen – dabei steht der Fernsehturm mitnichten im Zentrum der Stadt, sondern ziemlich außerhalb im Villenviertel Wachwitz. Aus dichtem Wald spitzt der 252 Meter hohe Turm hinaus, der bei seiner Erbauung 1969 ein Symbol für die Zukunft war, und erinnert die Dresdner an ihre Vergangenheit.

Damals, als man im Tal der Ahnungslosen wegen der Elbhänge kein West-Rundfunksignal bekam und zähneknirschend mit dem DDR-Programm vorliebnehmen musste, das der Fernsehturm von seiner Anhöhe in die Stadt sendete. (Was er noch heute tut.) Damals aber auch, als man den weiten Blick von der 148 Meter hohen Aussichtsplattform genießen konnte. Jedes Jahr kamen 200.000 Menschen, was bei einer Stadtbevölkerung von knapp 450.000 schon eine ganze Menge ist.

Wie Nostalgiker berichten, fuhren in den guten alten DDR-Zeiten täglich an die 1000 Gäste nach Wachwitz, parkten ihre Trabis und Wartburgs auf dem Besucherparkplatz und ließen sich mit den beiden Schnellaufzügen in 20 rasanten Sekunden hinauf ins Café oder ins Restaurant schießen. In der Barockstadt Dresden gibt es bis heute kein richtiges Hochhaus; nur ein paar hässliche Plattenbautürme am südlichen Stadtrand und natürlich die Türme der Kirchen lassen einen Blick von oben zu. Entsprechend atemberaubend war die Sicht aus dem „Sektglas", das dank seiner Elbhang-Lage aus 252 Turmmetern gleich 373 Meter Gesamthöhe über dem Elbpegel machte – nach dieser Messung überragt der Dresdner den Berliner Fernsehturm um knappe fünf Meter.

Alteingesessene erinnern sich noch gut und mit Wehmut an Sonntagsbesuche mit der ganzen Familie auf der „Wachwitzer Nadel"; auch wenn man Ewigkeiten warten musste, bis da oben einer der 152 Plätze frei wurde. 1991 war jedoch Schluss mit Pittiplatsch-Eisbecher, Würzfleisch und Eierschecke samt Traumblick. Nach 22 Jahren sollte der Betrieb des Turmcafés nicht mehr wirtschaftlich sein, entschied die Telekom, die den Sendemast übernommen und das Westfernsehen gebracht hatte.

Der Turm stand nun zwar als zweithöchster Fernsehturm Ostdeutschlands unter Denkmalschutz, aber hinauf durfte niemand mehr. Auch die wunderschön gelegene „Wachbergschänke" etwa 800 Meter neben dem Fuß des Fernsehturms ist inzwischen leider geschlossen.

Am 50. Geburtstag des Fernsehturms, am 7. Oktober 2019, durften einige per Losverfahren ausgewählte Glückliche wieder mit dem Fahrstuhl nach oben auf die Aussichtsplattform fahren, was nach der Sanierung der Anlagen leider nicht mehr ganz so rasant wie früher geht. Dabei ist es allerdings trotz zahlreicher, umfangreicher und regelmäßig wiederholter Absichtserklärungen von Bund, Stadt und Freistaat bis heute geblieben – die Diskussion um eine mögliche Wiedereröffnung des Dresdner Fernsehturms wird so hartnäckig geführt wie festgeklebter Kaugummi.

Ein eigens gegründeter Fernsehturmverein tritt unermüdlich dafür ein, unterstützt von Dresdner Provinzstars, der FDP und dem Bürgermeister. Ihr Hauptargument: Dass man die Ruine der Frauenkirche wieder aufbauen würde, habe 40 Jahre lang auch niemand geglaubt, und heute ist sie das Wahrzeichen Dresdens.

Die Einwohner von Wachwitz, wo der Fernsehturm steht, haben ebenfalls eine Bürgerinitiative gegründet – und zwar (natürlich) gegen die Wiedereröffnung. Wenn, wie von den Fernsehturm-Pros prognostiziert, wieder eine

Die „Wachwitzer Nadel" in Sektglas-Optik

Viertelmillion Besucher jährlich in ihren ruhigen Stadtteil strömen werden, befürchten die Wachwitzer das Ende ihres beschaulichen Lebens – was wird das für ein Lärm sein, wie werden die Abgase stinken, und wo sollen die überhaupt alle parken? Der Bürgermeister beruhigt und schlägt einen Shuttlebus vor. Für einen neuen Parkplatz, Rad- und Fußwege will die Stadt 26 Millionen Euro in die Hand nehmen – vorausgesetzt, es findet sich ein neuer Betreiber für das Café.

Auch sehenswert: das beschauliche Wachwitz

Wenn das klappt, dann können sich die Dresdner das Motto „Steter Tropfen höhlt den Stein" auf ihr Stadtwappen malen. Und endlich wieder in die Ferne blicken.

Lage: Oberwachwitzer Weg 37, 01326 Dresden

Anfahrt: Wachwitz liegt ca. zwölf Kilometer vom Stadtzentrum entfernt. Mit dem Auto über Pillnitzer Landstraße und Wachwitzer Bergstraße oder von Norden über Bautzner Landstraße (B6) und Weißiger Landstraße/Pappritzer Straße, Fernsehturmstraße. Parken in den umliegenden Straßen; Buslinie 61 bis Haltestelle Fernsehturm und ca. 500 Meter zu Fuß oder Buslinie 63 bis Haltestelle Altwachwitz und ca. 900 Meter zu Fuß (steil bergauf!)

Wanderung: Der Rundweg zur Agneshöhe führt am Fuß des Turms vorbei.

38 Dresden-Pillnitz

AUF KURFÜRSTLICHEN SPUREN DURCH DAS TAL DER ZEHN BRÜCKEN

Im Schlosspark Pillnitz drängen sich die Touristen. Es ist niemandem vorzuwerfen, wenn man angesichts der Besuchermassen vor einem Besuch des Parks zurückschreckt. Aber halt! Gleich hinter den Parkmauern bietet Pillnitz im äußersten Osten Dresdens wunderschöne Gelegenheiten für Spaziergänge mit Traumblicken.

Nur 500 Meter vom Schlosspark entfernt thront eine pittoreske Ruine auf dem Berghang des Schlossbergs. Kurfürst Friedrich August III., der spätere erste König von Sachsen, hatte sich diese Ruine für seine romantischen Waldspaziergänge erbauen lassen. Als Blickpunkt, den man vom barocken Schlossgarten aus sehen konnte, sollte das verfallende Gebäude an die Vergänglichkeit des Daseins erinnern.

Seit 1780 steht das kleine pseudo-gotische Gemäuer aus Ziegeln und Sandstein hier, dessen Mauern auf etwa vier Metern Höhe so bildhübsch wegbrechen wie bei einer echten Ruine. Damit es der Kurfürst und seine Begleitung bequem hatten, bekam die Ruine sogar eine Küche; ein Kamin sorgte dafür, dass man an kühlen Herbstabenden nicht fror.

Die Ruine ist der glanzvolle Auftakt einer Wanderung durch den Friedrichsgrund. Nachdem sie jahrhundertelang Wanderern und Einwohnern Unterschlupf geboten hatte, war ihr Dach eingefallen und sie sah so langsam richtig echt aus. Die Stadt hat sich ihrer schließlich angenommen und dem Gebäude neue, solide Mauern und eine Aussichtsplattform spendiert – seit 2019 kann man über eine metallene Wendeltreppe auf die Mauerkante hinaufsteigen und über das Elbtal blicken, ohne sich über das Blattwerk des inzwischen rund um die Ruine gewachsenen Buchenwaldes ärgern zu müssen.

Dessen Wurzeln bilden heute natürliche Treppenstufen, die beim Aufstieg über den ziemlich steilen Serpentinenweg helfen. Selbst die Langsamsten brauchen nicht mehr als eine Viertelstunde hier hinauf. Nach einer kurzen Erkundung geht es den Serpentinenweg wieder hinunter und nach rechts in den Friedrichsgrund hinein.

Dieses bis zu 80 Meter tiefe Seitental der Elbe führt zur Meixmühle und wurde tatsächlich nach dem naturliebenden Kurfürsten benannt. Egal ob im Sommer, wenn die dichte Blätterkrone der Buchen kaum Sonnenstrahlen auf den Talgrund durchlässt, oder im Herbst, wenn das Laub rot-orangefarben leuchtet – der Weg durch das „Tal der zehn Brücken" ist so idyllisch wie ein romantisches Ölbild.

Hier findet man auf Schritt und Tritt die Spuren des romantischen Kurfürsten: Der Naturfreund Friedrich August III. spazierte nach seinem Ruinen-Picknick gern weiter durch das tief eingeschnittene Kerbtal und ließ dafür zehn kleine Brücken anlegen, die immer wieder über den Friedrichsgrundbach führen.

Auch andere kleine Bauwerke, die Kontrapunkte zur wilden Natur bilden sollten, sind noch zu erkennen. Graf Marcolini, dem wir das fürstliche Städtische Krankenhaus im Stadtteil Friedrichstadt verdanken, legte hier unter anderem einen künstlichen Wasserfall an, der auf Knopfdruck (oder Schnur-Ziehen?) 20 Minuten lang herabrauschte.

Inzwischen tatsächlich alt: die künstliche Ruine über Pillnitz

Ob der Kurfürst seine Schritte an der Meixmühle vorbeilenkte, ist nicht überliefert. Dabei muss diese Mühle im Friedrichsgrund, die schon damals alt war, ihn inspiriert haben: Hier sollte ein Drache hausen, der jedes Jahr eine Jungfrau fraß. Erst ein mutiger Bauernbursche, der die jährliche Müllerstochter liebte, erschlug das bösartige Vieh. Um die Sage zu untermauern, wurde eine künstliche Drachenburg neben der Mühle erbaut – aber erst 1903, als Friedrich August III., beliebt beim Volk und bekannt als „Der Gerechte", schon lange gestorben war.

Der kurfürstlich inspirierte Wanderpfad führt nun auf den 361 Meter hohen Borsberg. Neben den Überresten einer künstlichen Grotte steht hier ein Obelisk, der 1865 für die erste trigonometrische Landvermessung Sachsens errichtet wurde.

Die Hälfte der Runde ist nun geschafft und es geht steil bergab, hinein in die Weinberge über Pillnitz. Bei Sonnenschein und wenn im Frühherbst das Laub leuchtet, ist diese zweite Weghälfte eine wahre Augenweide. Der Kurfürst dürfte den Blick von oben auf sein Schloss ebenfalls genossen haben; von seinem Wirken ist hier auf dem Leitenweg aber nichts mehr zu sehen. Dafür kann man den Winzern bei der Arbeit zuschauen, vielleicht mal ein paar Trauben naschen oder auf der Sonnenterrasse von „Winzer Winn" auf den Abschluss der Wanderung anstoßen. Prosit!

Anfahrt: ca. zwölf Kilometer vom Stadtzentrum, Parkplatz am Schloss; Buslinie 83 Haltestelle Rathaus Pillnitz oder auf dem Elberadweg

Aktivitäten:

- Künstliche Ruine: Meixstraße/Wünschendorfer Straße (Markierung: grüner Strich)
- Rundwanderung: Friedrichsgrund – Meixmühle (gelber Punkt) – Borsberg (Ampelweg: grün/rot/gelber Punkt) – Leitenweg – Schlosspark Pillnitz (gelber Strich), ca. acht Kilometer, mit einigen Treppen und Steigungen, nicht kinderwagentauglich; kürzere Runde von der Ruine über Wünschendorfer Straße bergauf und rechts halten; alle Wege führen auf den Leitenweg
- Schlosspark Pillnitz: täglich 9 bis 18 Uhr, August-Böckstiegel-Straße 1, 01326 Dresden; Eintritt: Erwachsene 3 EUR, Schüler ab 17 Jahre und Studenten 2,50 EUR, Kinder bis 16 Jahre frei. Museen auf dem Gelände montags geschlossen. Zwischen 6 und 9 Uhr sowie ab 18 Uhr ist der Eintritt in den Park frei; *schlosspillnitz.de*

39 Rockauer Höhe

TRAUMBLICKE VON OBEN AUFS TRAUMHAFTE PILLNITZ

Wer sich vom Elbufer hier hinaufgekämpft hat, den interessieren Erklärungen sowieso nicht mehr. Hier oben, etwa 260 Meter über dem Meeresspiegel, zählt allein der Blick. Und der ist atemberaubend.

Luftlinie kaum einen Kilometer vom Elbufer entfernt, schiebt sich das Schönfelder Hochland wie ein Pult an den Rand des Elbtalkessels. Das Hochplateau, auf dem die Gemeinde Rockau liegt, ragt wie eine erstarrte Welle daraus hervor. Andächtig verstummen die Gespräche der Wanderer, wenn sie über die kleine Baumallee zum Rondell des Aussichtspunkts gelangen.

Woher der „Hiefel" seinen Namen hat, wissen nicht einmal die Einheimischen. Eigentlich bezeichnen die Sachsen damit einen kleinen Hügel oder ein Häufchen; beides trifft kaum auf die monumental beeindruckende Rockauer Höhe zu.

Weit unten erkennt man das glitzernde Band der Elbe, die Grüße nach Hamburg mitnimmt. Von ganz vorn wandert der Blick vom Großen Winterberg in der Sächsischen Schweiz über den Freitaler Windberg bis zum Fernsehturm in Wachwitz. Im Westen spitzt an klaren Tagen der Meißner Dom hervor. Eine Orientierungstafel hilft beim Einordnen der Berge und Turmspitzen am Horizont.

Dem Hiefel liegt ganz Dresden zu Füßen

Der Hiefel ist bei Dresdner Pärchen recht beliebt; zum Sonnen-untergang parken hier immer einige Autos. Wer früher starten will und fitter ist, kann den Aussichtspunkt zu Fuß erreichen – allerdings ist der steile Anstieg nicht zu verachten.

Hinter dem schön manikürten barocken Schlosspark von Pill-nitz führt der Weg in den dicht bewaldeten Keppgrund. Auf dem knappen Kilometer durch den Grund sind schnaufend knapp 100 Höhenmeter zu bezwingen, bevor die etwas verfallenen Trep-pen an die schön sanierte Keppmühle mit ihrer reich verzierten Fachwerkfassade führen. Dort geht man links und läuft nun sanft bergauf den restlichen Weg zum Dorfplatz von Rockau.

Für den Weg zurück ins Tal bieten sich, je nach Lust und Zustand der Knie, mehrere Optionen: Man kann ungefähr denselben Weg zurücklaufen und einen Abstecher zum Zuckerhut einlegen, einem weiteren Aussichtspunkt mit tollem Blick aufs Pillnitzer Elbtal.

Etwas sanfter ist der Abstieg über den Hausberg. Dafür läuft man von der Keppmühle noch ein Viertelstündchen weiter bis nach Malschendorf und biegt dann rechts ein in die Straße Zur Hohle, die bald zum Hausberg wird. Nicht den Abzweig der

Copitzer Straße verpassen – diese führt durch dichten Buchen-
wald bergab und über den Hohen Steig zurück ins beschauliche
Pillnitz. Noch ein Abstecher zur bildhübschen Backsteinkapelle
Maria am Wege und dem Carl-Maria-von-Weber-Museum, und
schon ist man zurück am Schlosspark.

Wer mehr Puste hat, der kann von der Rockauer Höhe noch ein
Stück weiter nach Westen laufen bis zum Helfenberger Park, wo
zwei märchenhaft krumme Hängebuchen wachsen. Am anderen
Ende des Parks steigt der Wanderweg durch den Helfenberger
Grund ab, der zurück auf die engen Kopfsteinpflasterstraßen von
Niederpoyritz und schließlich an die Pillnitzer Landstraße führt.
Zurück zum Ausgangspunkt geht es mit dem Bus, oder man läuft
am Ufer der Elbe entlang durch die Obstplantagen der ehemaligen Fischersiedlung Hosterwitz. Das hat den Vorteil, dass man
hier auch noch die Kapelle „Maria am Wasser" besucht, die mit
ihrem barocken Zwiebeltürmchen völlig untypisch für Dresden
ist und viele Stadtkalender ziert.

Die ursprünglich von Elbschiffern genutzte Kirche steht schon
seit dem Jahr 1500 hier am Fluss, bei Hochwasser auch mal mittendrin. Um 1700 erhielt sie ihre heutige Form, wenn auch nicht
ohne Skandal: Das von den Gläubigen für den Umbau gesam-
melte Geld wurde von der Räuberbande des Lips Tullian geklaut.

Die Kirche Maria am Wasser steht direkt am Elbufer

An der Außenmauer des Kirchhofs, in einem zugewachsenen Winkel, erinnert ein Grabdenkmal an Schnuff, den zahmen Kapuzineraffen Carl Maria von Webers. Der Komponist lebte ab 1817 als Königlicher Kapellmeister und Operndirektor des Dresdner Hoftheaters gleich um die Ecke und schuf seine Oper vom „Freischütz" angeblich nach dem Vorbild des wildromantischen Keppgrunds.

Der Ausnahmekünstler wurde zwar weder in Dresden geboren noch ist er hier gestorben – aber beerdigt wurde er in der Friedrichstadt auf dem Katholischen Friedhof. Seine Asche wurde 18 Jahre nach seinem Tod aus London zurückgeholt, damit er neben seinem jüngsten Sohn Alexander ruhen konnte, der mit 19 Jahren an den Masern gestorben war.

Typisch Dresden: Nicht einmal den kleinsten Spaziergang kann man machen, ohne auf mannigfaltige Spuren der Stadtgeschichte zu stoßen.

Info

Lage: Rockauer Ring 35, 01328 Dresden

Anfahrt: nur mit dem Auto (parken am Straßenrand) oder nach Wanderung aus Pillnitz durch den Helfenberger Grund oder den Keppgrund (jeweils etwa drei Kilometer); parken am Schlosspark Pillnitz oder mit Buslinie 63/83 bis Haltestelle Bodemerweg oder Van-Gogh-Straße

Aktivitäten:
- Carl-Maria-von-Weber-Museum: Mittwoch bis Sonntag und an Feiertagen 12 bis 17 Uhr, Eintritt 4 EUR; Dresdner Straße 44, 01326 Dresden, *stmd.de/webermuseum*
- Kirche Maria am Wasser: Kirchgasse 6, 01326 Dresden
- Kirche Maria am Wege: Dresdner Straße 149, 01326 Dresden

Nördlich und westlich
von Dresden

Die Meißner Albrechtsburg thront im Westen Dresdens über der Elbe

Nördlich und westlich
von Dresden

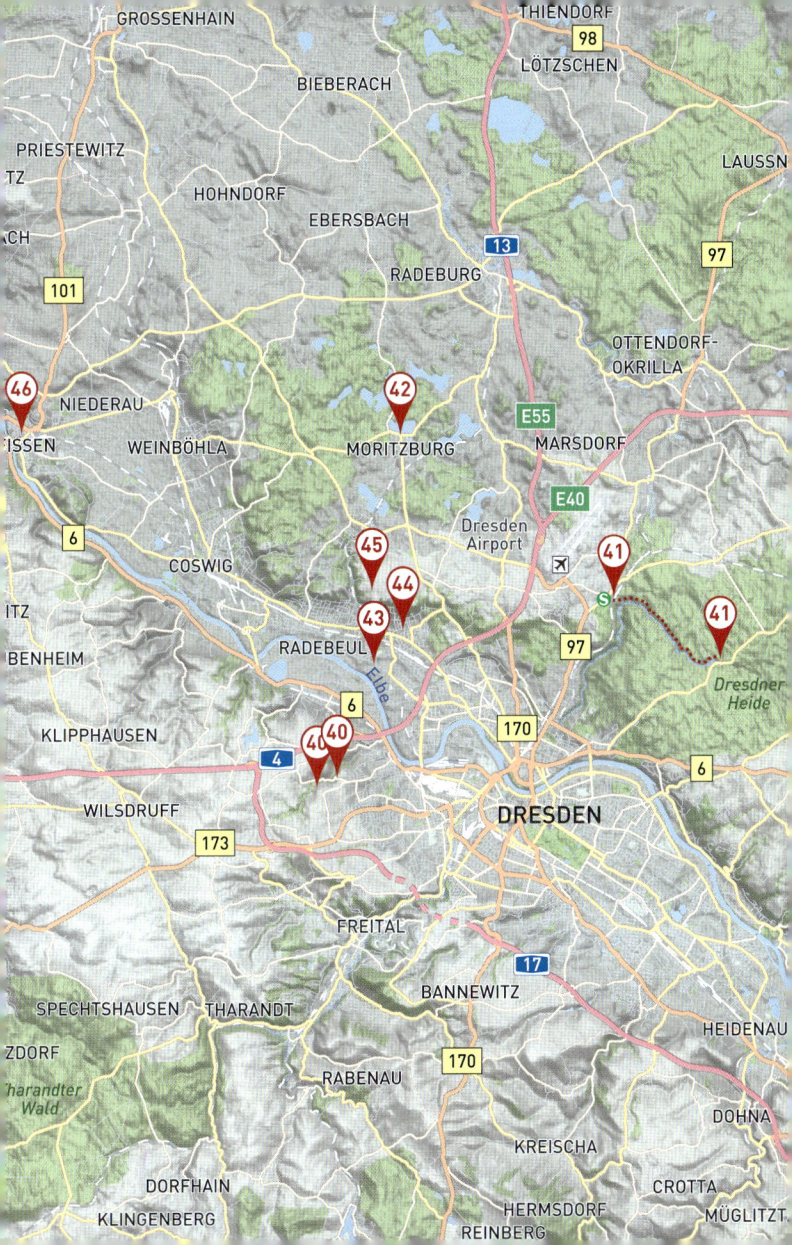

40 Vom Zschonergrund nach Podemus

BIO-LANDVERGNÜGEN AM STADTRAND

Keine „Dresden von A bis Z"-Liste ist komplett ohne den Zschonergrund, der nur von echten Dresdnern ohne Pannen und Kichern ordentlich ausgesprochen werden kann (probieren Sie auch gern mal „Kötzschenbroda", „Zitzschewig" und „Zschertnitz"!).

Das lauschige Seitental der Elbe erstreckt sich am westlichen Stadtrand von Dresden, wo sich die Autobahnen A4 und A17 kreuzen. Der rauschende Verkehr ist gar nicht weit entfernt, und doch wähnt man sich in den lichten Auwäldern am Ufer des glucksenden Zschoner-grundbachs, wo sich Wei-

Dorf-Idylle in der Zschoner Mühle

den und Erlen zum Wasser hinabneigen und Bergstelzen, Blau-kehlchen und Eisvögel über die Steine flitzen, weit entfernt vom Trubel der Moderne. Das nutzen auch einige Bauern, die hier zum Teil seit Jahrhunderten Obst und Wein anbauen – neuerdings bewusst in Bioqualität.

Zu den ältesten Zeugnissen menschlicher Schaffenskraft in Dresden zählen die Mühlen, die der Zschonergrundbach auf sei-nem Lauf durch uralte Streuobstwiesen passiert. Ihre Mühlräder drehen sich schon seit über 600 Jahren. So alt ist zumindest ein original erhaltenes Schriftstück, auf dem der Müller Götze dem Kurfürsten August versichert, seine Mühle sei schon seit 150 Jahren im Besitz der Familie seiner Frau. Die Dresdner Kur-fürsten und Kronprinzen waren auf die Müller im Zschonergrund nie gut zu sprechen; die geschäftigen Mühlen vertrieben nämlich ihr Jagdwild.

Weder kurfürstliche Schikanen noch zahlreiche Besitzerwech-sel und die alles zermürbende DDR-Zeit konnten die Zschoner Mühle in die Knie zwingen: Ihr historisches Mahlwerk, das seit 1917 stillgestanden hatte, wurde nach der Wende restauriert und läuft heute wieder mit sechs PS. Zwar wird hier nicht mehr „in echt" gearbeitet, aber bei Mühlenführungen kann man zusehen, wie anno dazumal mit Wasserkraft Mehl gemahlen wurde.

In der Scheune sitzt das beliebte Puppentheater

Informativ sind auch die Tafeln, die interessierte Besucher auf dem drei Kilometer langen „Entdeckungspfad Streuobst" auf einem Rundweg durch den Zschonergrund führen. Gestaltet wurden sie von Dresdner Kindern, die treue Fans der Zschoner Mühle sind: Hier finden nämlich sonntags zweimal täglich die berühmten Puppentheater-Aufführungen in der Scheune statt, bei denen renommierte Künstler, Marionetten- und Puppenspieler aus ganz Deutschland Märchen und Geschichten mitbringen.

Bei schönem Wetter kann es dann schwierig werden, auf dem schattigen, blumenberankten Hof der Mühle einen Sitzplatz zu ergattern; das leckere Bio-Essen im neu eröffneten Imbiss und im Restaurant ist stadtbekannt. Notfalls zieht man einfach weiter und wandert auf dem Höhenweg entlang alter Weinberge noch ein Stück bergauf, bis sich der Blick auf weite Felder öffnet.

Hier, auf dem Rand des Dresdner Elbtalkessels, thront das Vorwerk Podemus – einer der bekanntesten Biobauernhöfe der Region, der eigene Supermärkte, Privathaushalte und Restaurants weit über die Grenzen Dresdens hinaus mit Biofleisch, Obst und anderen Produkten beliefert. Zu verdanken ist das der Familie Probst, die das Vorwerk seit 1900 bewirtschaftet hatte und es, nach der Zwangskollektivierung in der DDR, 1991 wieder übernahm. Der Hofladen hat ein breites Sortiment, die Hoffeste auf Podemus sind legendär. Ein Streichelgehege gibt es nicht, aber wer vorher Bescheid gibt, bekommt gern eine Führung durch die Ställe und Anlagen.

Vom alten Dorfkern Podemus führt der Weg dann wieder zurück über den Höhenweg in Richtung Steinbruch. Dort an der Wegkreuzung kann man sich entscheiden, ob man rechter Hand bergauf weiter zur Gaststätte „Schulzenmühle" läuft oder ob man links abbiegt und bergab wieder zur Zschoner Mühle einbiegt.

Lage: Im Zschonergrund 2, 01156 Dresden

Anfahrt: Buslinie 94 Haltestelle Zschonergrundstraße; nur wochentags mit Anrufbus-Taxi „alita" ab Haltestelle Leutewitz bis zu Zschoner Mühle (mit normalem DVB-Ticket nutzbar)

Öffnungszeiten: Biergarten täglich 10:30 bis 16 Uhr, Restaurant Donnerstag 15 bis 20 Uhr, Freitag bis Sonntag 11 bis 21 Uhr

Aktivitäten:
- Puppentheater: Samstag 11 und 14 Uhr, Sonntag 11 und 15 Uhr, in den Ferien auch wochentags, Eintritt Kinder 5 EUR, Erwachsene 6 EUR, eine Aufführung dauert 45 Minuten, Achtung: keine Kartenzahlung möglich!

Wanderungen:
- ca. 2,5 Kilometer von der Haltestelle Zschonergrundstraße zum Hotel „Villa Weltemühle", dort links einbiegen in den Zschonergrundweg bis zur Zschoner Mühle
- ca. vier Kilometer von der Cossebauder Straße auf breitem Weg über die Zschonergrundstraße, vorbei am Zschonergrundbad
- ca. drei Kilometer von oder zur Gaststätte „Schulzenmühle" über Zschonergrundweg (Markierung: grüner Balken)
- ca. sechs bis acht Kilometer (je nach Rückweg) auf dem Höhenweg von der Zschoner Mühle nach Podemus und zurück

Website: *zschoner-muehle.de*

41 Dresdner Heide

GROSSER WALD MIT NICHT GANZ SO GROSSEM WASSERFALL

Der Name ist ein wenig irreführend: Die Heide besteht nicht aus Sträuchern und Heidekraut, sondern ist ein normaler Wald, wenn auch auf sandigem Boden. Im Dresdner Norden wächst er bis an die Äußere Neustadt, die Albertstadt und den Weißen Hirsch heran und ist für viele Dresdner tägliche Gassi-, Lauf- und Mountainbike-Strecke. Wagt man sich weiter hinein auf Pfaden, die schon im 12. Jahrhundert angelegt wurden, ist man schnell allein.

Dresden ist nicht nur ein barockes Schmuckstück, sondern auch eine der grünsten Städte Deutschlands. Wegen der breiten Elbwiesen und der vielen Parks, aber vor allem wegen der Dresdner Heide, mit mehr als 6000 Hektar einem der größten Stadtwälder des Landes.

Jahrhundertelang nutzten Sachsens Fürsten den Wald als kurfürstliches Jagdgebiet. In den „Saugärten" wurden Wildschweine zum Abschießen vorrätig gehalten, am „Wolfshügel" Wölfe für Hetzjagden. Orte wie das Schwarze Kreuz, die Todmühle oder die Mordgrundbrücke erzählen Gruselgeschichten von Duellen zwischen sächsischen Offizieren, ermordeten Knaben und tragischen Liebespaaren.

Seit 1969 steht das gesamte Gebiet, das von der Königsbrücker Landstraße und der Ullersdorfer Straße bis nach Radeberg reicht, unter Naturschutz. Die Fichten-Monokulturen haben fast überall wildem Mischwald aus Buchen, Lärchen und Eichen Platz gemacht, tote Baumstämme dürfen liegenbleiben und verrotten, dazwischen strebt neues Grün zur Sonne. Sogar der Wolf hat sich wieder angesiedelt! Dazwischen liegen kleine Stauseen und weite Wiesen, auf denen anno dazumal Gemüse für den kurfürstlichen Hof angebaut oder Pferde gezüchtet wurden. Heute bieten dort die „Hofewiese", die „Heidemühle" und das „Fischhaus" Speis und Trank für müde Wanderer an.

Bitte nicht lachen: der Prießnitzwasserfall

Eine kleine, feine Einführung in die Dresdner Heide ist die Wanderung zum Prießnitz-Wasserfall – Dresdens einzigem und gleichzeitig höchstem. Start ist mitten in der Neustadt, an der nordöstlichen Ecke des Alaunparks. Vorbei an den Picknickdecken von Punks und Lebenskünstlern, Still- und Capoeira-Gruppen geht es „An der Prießnitz" hinab zwischen immer höher aufragende, bewaldete Steilwände. Der plätschernde Bach führt unter den 23 Meter hohen Bögen der Prießnitzbrücke hindurch, vorbei am wohl einzigen Sandbadestrand inmitten eines Waldes und über die Küchenbrücke, wobei man immer wieder

Die Prießnitz führt die Neustädter tief in die Heide hinein

kleine Statuen passiert, die von Künstlern hier aufgestellt wurden. Quer-liegende Baumstämme locken ans andere Ufer, wo man ebenfalls laufen kann (praktisch, wenn sich die Wandergruppe mal strei-ten sollte).

Nach etwa drei Kilometern lässt man die ehemaligen Kasernen der Albertstadt links liegen und läuft auf dem Wan-derpfad mit dem gelben Kreis hinein in den richtig tiefen Wald. Nach der Küchenbrücke biegt man rechts ab auf den mit einem durchgestrichenen Z markierten Rennsteig. Die mystischen Zei-chen, mit denen die ältesten Wege in der Heide markiert sind, wurden schon im 16. Jahrhundert von sogenannten Wegschnei-dern regelmäßig neu in die Baumrinden eingeritzt und weiß bzw. rot ausgemalt. Vom Rennsteig, der vor Jahrhunderten einer der wenigen mit Kutschen befahrbaren Waldwege war, biegt man nach etwa 100 Metern nochmals links auf den Todweg ab, der mitten durch den Wald etwa zwei Kilometer leicht bergauf zum Gebauten Kannenhenkel führt, einem alten Forstweg.

Vorbei am Königsplatz, einer Waldweg-Sternkreuzung mit einem Fünf-Sterne-Insektenhotel, geht es nun auf breiterem Pfad (markiert mit dem grünen Kreis) knapp drei Kilometer zur Kan-nenhenkelbrücke, wo die Prießnitz und der gelbe Kreis wieder erscheinen – er führt nach links vorbei an Ludens Ruh, einem idyllischen Rastplatz auf einer Anhöhe über dem Weg. Jetzt ist es bald geschafft: Über einige kleinere Brücken noch, dann hört man es schon von Weitem donnern – der Prießnitzwasserfall!

Bei Besuch von außerhalb sorgt der Höhepunkt dieser Wande-rung regelmäßig für Enttäuschung oder herzliches Lachen. Der

„Wasserfall", wo die Prießnitz von einer Bruchkante der Lausitzer Störung aus Granodioritstein stürzt, ist nämlich höchstens zwei Meter hoch. Trotzdem sieht die kleine Schlucht, durch die sich der Bach einen Weg gebahnt hat, wildromantisch aus.

Im Sommer ist man hier nicht allein, die Bachbiegung zwischen dem Wasserfall und einer kleinen Steinbrücke eignet sich nämlich hervorragend zum Pritscheln. Macht nichts; von hier ist es nicht mehr weit zum Waldrand, wo man am Bahnhof Klotzsche mit der S-Bahn zurück nach Dresden kommt. Außer sonntags bietet die Bio-Bahnhofswirtschaft auch leckere Speisen.

Wanderung: Start am Alaunplatz, 01099 Dresden, Straßenbahnlinie 13 Haltestelle Alaunplatz, Ziel: Bahnhof Klotzsche

Länge: ca. zwölf Kilometer, keine nennenswerten Steigungen oder herausfordernde Wegstücke, keine besondere Kondition erforderlich; nicht durchgängig kinderwagentauglich!

Route: Alaunpark – Küchenbrücke (gelber Kreis) – Rennsteig/Todweg bis Gebauter Kannenhenkel (grüner Kreis) – Kannenhenkelbrücke – links (gelber Kreis) bis Prießnitzwasserfall (Abzweig links zur Andersbrücke nicht verpassen!) – Kletterpark Klotzsche (gelber Kreis/roter Kreis) – rechts auf Nesselgrundweg – Bahnhof Klotzsche

Restaurant:
- Bahnhofswirtschaft Vorwerk Podemus: mit Biergarten und regionalen Bio-Erzeugnissen, Montag bis Freitag 11 bis 17 Uhr, Samstag 9 bis 16 Uhr

HINWEIS: In der Dresdner Heide gibt es vielerorts keinen Handy-Empfang. Die Mitnahme einer Wanderkarte empfiehlt sich; z. B. „Dresdner Heide/Seifersdorfer Tal" 1:15.000, von Sachsen Kartographie.

42 Moritzburg

WO WILDE SEESCHLACHTEN-PARTYS TOBTEN

Moritzburg bei Dresden, benannt nach einem der ersten sächsischen Herrscher, ist seit Jahrhunderten ein beliebtes Ausflugsziel der Dresdner: Schon die Herrschaften des kurfürstlichen Hofes genossen hier Kurzweil und Plaisir.

Das winzige Fasanenschlösschen ...

Gleich neben dem rosaroten Fasanenschlösschen im Rokoko-Stil steht am Großteich ein Leuchtturm: der einzige in Sachsen, das mangels Küsten keinen Bedarf an Leuchtfeuern für Seefahrer hat. Aber die sächsischen Kurfürsten gaben gern Partys. Während in Dresden Gold und Geschmeide im Grünen Gewölbe angehäuft wurde und August der Starke für eine stilvolle Hochzeit kurzerhand den Zwinger baute, entstand in Moritzburg eine künstliche Landschaft zur Erbauung der Adeligen.

Dabei begnügte man sich nicht mit manikürten Schlossgärten und Flanierwegen, die raffinierte Blickachsen bilden. Aus der Kleinkup-

... blickt auf den noch kleineren Leuchtturm

penlandschaft mit Fischteichen und dem Friedewald, wo Hirsche und Wildschweine in Gehegen darauf warteten, dass man sie bei Jagdausflügen abschoss, wurde an Sommerabenden, unterstützt von Feuerwerk, der Hellespont.

In dieser Meerenge am Bosporus hatte Russland 1770 das Osmanische Reich besiegt. Die Schlacht vor den Dardanellen beeindruckte ganz Europa. Nachdem der russische Offizier Orlow Gast am sächsischen Hof geweilt hatte, wollte Friedrich August III. auch so eine Schlacht haben. Sein Kämmerer Marcolini ließ sofort einer Kriegsfregatte nachbauen, in der man nun über den Moritzburger Großteich schipperte.

In den Folgejahren entstand in der Teichlandschaft eine Hafenanlage mit Leuchtturm, Mole und Kanonen sowie künstlichen Inseln, auf denen eine Festung und ein Teepavillon auf Eroberer warteten. Ein Kanal zog sich fast einen Kilometer vom Teich zu den „Dardanellenschlössern", die man bei nachgestellten See-

Speisen unter Hirschgeweihen im Jagdschloss Moritzburg

schlachten erobern konnte. Das Dorfvolk musste als Statisten herhalten.

Heute ist der Kanal ein in Entengrütze ersticktes Rinnsal, von der Bastion sind nur noch Reste zu erkennen. Und der Wasserspiegel des Großteichs ist durch einen Damm so weit abgesunken, dass keine Prunkgondel hier mehr landen könnte. Aber wer auf dem Königsweg wandert, der vom Jagdschloss Moritzburg durch die Schneisen und alten Jagdgehege des Friedewalds führt, der kann die Partylandschaft mit etwas Fantasie noch erahnen.

Die Postsäule am Moritzburger Jagdschloss zeugt von regem Verkehr in der Region

Ist man aus der Dampflok gestiegen, die Besucher von Radebeul durch den Lößnitzgrund nach Moritzburg bringt, taucht man in eine Landschaft voller kleiner Teiche ein. Die Moritzburger Seen sind durch ein Kanalnetz verbunden, werden aber nur von Regenwasser gespeist. In diesen „Himmelsaugen" spiegeln sich Seeadler und Silberreiher.

Allzu sehr versinkt man nie in der Natur, zu viel Geschichte drängt sich zwischen Bäumen und Schilfgürteln auf. Seien es die Bruchsteinmauern der Jagdgehege, die aufblitzenden Blickachsen zwischen den Schlössern oder die Erinnerung an die Dresdner Brücke-Maler, die hier Anfang des 20. Jahrhunderts nackt badeten (shocking!) und sich dabei malten – Avantgarde oder entartete Kunst?

Im Winter beherbergt Schloss Moritzburg die Aschenbrödel-Ausstellung

Highlight der Runde ist das Jagdschloss Moritzburg: prachtvoll symmetrisch, goldgelb und trutzig, wie hineingemalt in die Landschaft. Seit dem 18. Jahrhundert steht das barocke Schloss auf einer künstlichen Insel.

Ein Blick in die 200 Räume lohnt sich: Die hohen Wände des Speisesaals etwa zieren 71 Rothirsch-Geweihe, darunter das schwerste Geweih der Welt. In den Wirtschaftsräumen ist ein kleines Museum über das Leben im Schloss zu Kurfürst Augusts Zeiten untergebracht, wo man staunend liest, wie viele Hirsche, Fasanen und Karpfen August der Starke bei einem einzigen Dinner verspeiste.

Das Highlight im Highlight, gewissermaßen das Juwel in der Krone, wird nur im Winter gezeigt: Dann öffnet die Aschenbrödel-Ausstellung zum deutsch-tschechischen Weihnachtskultfilm von 1972. Den kennen Sie nicht? Unbedingt nachholen, sonst stehen Sie zwischen den begeisterten Besuchern wie die Kuh vorm sprichwörtlichen Tor.

Die Mauern und Säle sowie der verschneite Schlosspark waren die Kulisse für „Drei Haselnüsse für Aschenbrödel", und die interaktive Ausstellung setzt den Film für alle Altersgruppen sehr hübsch in Szene. Millionen Besucher können nicht irren, oder? Wer im Sommer herkommt, der kann immerhin Aschenbrödels Schuh anprobieren, den sie auf der Flucht vor dem Prinzen auf der Freitreppe verloren hat.

Lage:
Moritzburg liegt ca. 15 Kilometer nördlich von Dresden, Schloss Moritzburg an der Schloßallee, 01468 Moritzburg

Anfahrt: A4-Abfahrt Wilder Mann/Moritzburg, Buslinie 477 von Dresden Bahnhof Neustadt bis Haltestelle Schloss Moritzburg (ca. 30 Minuten) oder Lößnitzgrundbahn ab Bahnhof Radebeul-Ost bis Bahnhof Moritzburg (Fahrplan unter *loessnitzgrundbahn.de*); von dort ca. ein Kilometer zum Schloss oder ca. drei Kilometer auf dem Königsweg zum Fasanenschlösschen. Wer nicht von hier zurück nach Radebeul fahren mag, kann am Schloss in den Bus 477 steigen, der zurück nach Dresden fährt.

Aktivitäten:
- Lößnitzgrundbahn: Abfahrt ca. alle zwei Stunden ab Radebeul Ost; ca. 30 Minuten bis Moritzburg
- Königsweg: 11,2 Kilometer lang, kinderwagentauglich und sehr einfach zu laufen; Abkürzungen vorbei am Mittelteichbad oder über die Allee III und VIII möglich

Restaurants:
- Churfürstliche Schänke: am Oberen Großteich, Große Fasanenstraße 1, 01468 Moritzburg, *waldschaenke-moritzburg.de*
- Ausspanne am Leuchtturm: neben dem Fasanenschlösschen, Fasanerie 7, 01468 Moritzburg, *ausspanne-am-leuchtturm.de*

Website: *schloss-moritzburg.de*

43 Das Lügenmuseum in Serkowitz

WO KUNST IM AUGE DES BETRACHTERS LIEGT

Wer stehenbleibt und über die seltsame Beschriftung nachsinnt, der hört bereits seltsame Geräusche von drinnen. Es klopft, rasselt und klingelt aus geheimnisvollen Kästen und Kisten, die von verrückten Maschinen erzeugt werden. Sichtlich verwirrt stehen die Besucher im Eingang zum Lügenmuseum. Die meisten trauen sich aber doch hinein und werden persönlich willkommen geheißen: mit einer frisch gebrühten Tasse „Lügentee", die ihren Geist öffnen soll (und hoffentlich nur Kräuter aus dem Garten des Gasthofs enthält).

Der 700 Jahre alte, nur teilweise restaurierte Gasthof im Dorfkern von Serkowitz ist eine Überraschungskiste. Von außen grüßt er Spaziergänger mit seiner unschuldig wirkenden Fassade aus Fachwerk und Blümchen.

Wer dann mutig am „Serkowitzer Orakel" dreht, bekommt eine auf unheimlich genaue Weise passende Weissagung für seinen Rundgang durch das Lügenmuseum mit – und gleichzeitig einen Hinweis, wie man mit den Attraktionen der folgenden Räume umgehen sollte.

Ganz ernst gemeint ist hier nichts. Viele „Objekte" in den zwölf Räumen des alten Gasthofs zeigen mit einem Augenzwinkern, dass Wahrheit im Auge des Betrachters liegt, niemals objektiv ist und der Mensch sich seine eigene Wirklichkeit oft nur mithilfe von Lügen erschafft und erhalten kann – mag man sie nun Geschichten, Religion oder Propaganda nennen.

Was macht eigentlich eine Lüge zur Lüge? Sollte Kunst Lügen aufdecken, wie es systemkritische Kunst in der DDR tat? Oder kann sie selbst eine schöne Lüge sein, weil es manchmal auch ganz nett ist, sich belügen zu lassen?

Richard von Gigantikow, der Erschaffer des Lügenmuseums, ist ein umtriebiger Mensch. So wie er

Ist Lüge nicht auch schöner Schein?

sich selbst als DDR-Künstler ständig neu erfand und erfinden musste (sein richtiger Name ist Reinhard Zabka), hat sich sein Lügenmuseum von einer Idee des Widerstands zum heutigen Museum weiterentwickelt. Fertig ist es noch lange nicht, wie man an den „works in progress" an jeder Ecke erkennt.

Durchaus denkbar, dass auch der alte Gasthof bei Radebeul nur eine Zwischenstation ist, nach den bisherigen Standorten in der Brandenburger Prignitz und dem Gutshaus Gantikow in Kyritz. Hier wie dort lebte der Künstler zum Teil öffentlich in den Ausstellungsräumen und machte sich selbst zum Kunstobjekt, was ihn zu DDR-Zeiten vor Unterdrückung durch die staatliche Kunstaufsicht schützte. Bei den Anwohnern ist er umstritten, in der örtlichen und nationalen Kunstszene wird er hochgeachtet.

Ausstellungsbesucher mit entsprechender Vorerfahrung sehen das Lügenmuseum aus einer ganz anderen Perspektive als jüngere Besucher. Wo ältere Erwachsene mit wissendem Blick und bitterer Erinnerung zersägte Kunstwerke und Collagen von alten Zeitungen betrachten, die in Hinterzimmern hinter

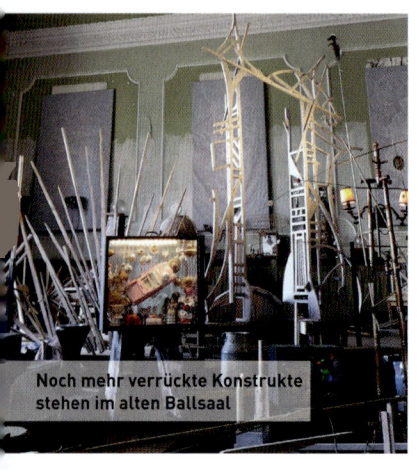

Noch mehr verrückte Konstrukte stehen im alten Ballsaal

Bücherregal-Türen versteckt sind, zeigen sich Kinder verzaubert von dem Sammelsurium an Automaten und Maschinen, Göttermasken und Vitrinen, Stillleben und alten Postern. Endlos lange kann man hier zweckfrei schauen und staunen, Inschriften entziffern und Drähte anstupsen, um zu sehen, was dann passiert.

Ist das überhaupt ein richtiges Museum? Darüber lässt sich streiten. Tatsächlich wird in diesem Kuriositätenkabinett eher geflunkert und fantasiert, als zu informieren oder gar zu „bilden". Schon die Entstehungsgeschichte des Museums ist eine offensichtliche Lüge: Ein Museum der Dinge, die es gar nicht gibt, will Richard von Gigantikow in einem Tagebuch der Emma von Hohenbüssow, Urenkelin des Barons Münchhausen, in den 1980ern auf einer illegalen Mülldeponie gefunden haben. Dazu kamen nach der Wende die „Reliquien einer traumatisch eingestürzten Inneneinrichtung namens DDR".

Spätestens im Raum 8, wo das zimmerfüllende Kunstwerk mit dem schönen Titel „Einmal auf dem Sonnendeck der Titanic liegen und nicht an den Weltuntergang denken" mit Glitter und Glamour verzaubert, hat man das Anliegen des Museums

Ein Raum sammelt mystische Artefakte aus aller Welt

verstanden: „Die Lüge im Dienste der Wahrheit wäscht den Staub des Alltags von den Sternen."

Sind Lügen also Kunst? Die Sächsische Landesstelle für das Museumswesen sieht das so und verweigert Richard von Gigantikow seit 2017 die Befreiung von der Umsatzsteuer, da sein Lügenmuseum kein eigentliches Museum sei. Richard von Gigantikow hat Klage eingereicht und überlegt, sein Museum in „Kulturforum alternativer Fakten" umzubenennen.

Das Panoptikum des Richard von Gigantikow

Lage:
Kötzschenbrodaer Straße 39,
01445 Radebeul

Anfahrt: von Mickten über Kötzschenbroder Straße bis Serkowitz, Buslinie 72 bis Haltestelle Radebeul Altserkowitz

Öffnungszeiten: Samstag, Sonntag, Ferien und Feiertage 13 bis 18 Uhr

Eintritt: Erwachsene 5 EUR, Kinder bis 12 Jahre 2 EUR

Website: *luegenmuseum.de*

HINWEIS: Im Spätsommer hat das Lügenmuseum auf den Elbwiesen in Radebeul eine Art Außenstelle: Auf Höhe von Altkötzschenbroda baut Richard von Gigantikow jedes Jahr ein riesiges hölzernes Labyrinth auf, das „Labyratorium". Wie so viele Lügengespinste geht diese Installation jedes Jahr in Rauch auf, wenn sie nach 30 Tagen abgefackelt wird.

44 Karl-May-Museum

HAUSBESUCH BEI WINNETOUS ERFINDER

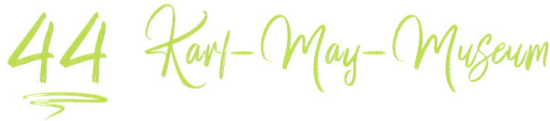

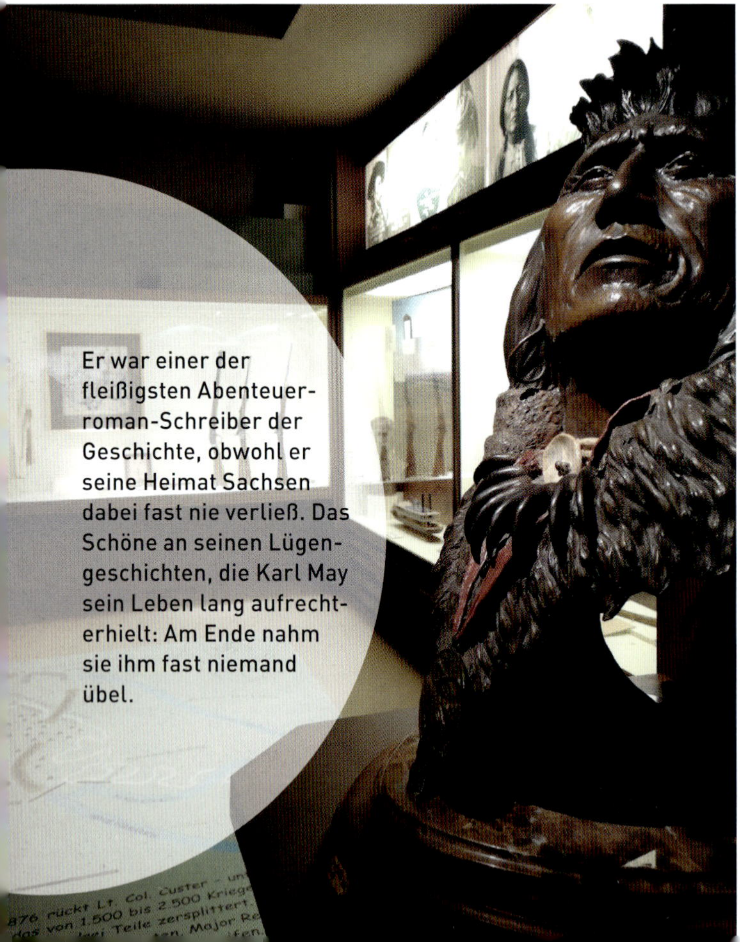

Er war einer der fleißigsten Abenteuerroman-Schreiber der Geschichte, obwohl er seine Heimat Sachsen dabei fast nie verließ. Das Schöne an seinen Lügengeschichten, die Karl May sein Leben lang aufrechterhielt: Am Ende nahm sie ihm fast niemand übel.

Ob als Bücher oder als Verfilmungen mit dem Doppelgespann Pierre Brice und Lex Barker: Jeder Erwachsene kennt die Winnetou-Saga mit dem Vorzeigedeutschen Old Shatterhand, die Orient-Abenteuer von Kara Ben Nemsi mit seinem Sidekick Hadschi Halef Omar oder die „Spinoffs" vom Schatz im Silbersee und dem fiesen Ölprinzen.

Die über 100 Abenteuerromane und Geschichten stecken voller geografischer Details und genauer Beobachtungen, ausführlicher Dialoge in diversen Sprachen und Dialekten – geschrieben im beschaulichen Radebeul bei Dresden, in der ersten Person. Seltsam, dass sich lange kaum jemand über die Diskrepanz zwischen dem schmächtigen Autor (der Sohn eines armen Webers hatte 13 Geschwister, von denen neun schon als Babys starben) und seinem athletischen, umfassend gebildeten Auslands-Ich mit der übernatürlichen Schmetterhand wunderte.

Anstatt in Schimpf und Schande zu versinken, nachdem er seine Flunkereien zugeben musste, blieb Karl May ein Schriftsteller von Weltruhm. Kaum ein deutscher Autor wurde so oft verlegt, übersetzt, adaptiert und verfilmt. Er hat Generationen von Deutschen zu glühenden Indianerfans gemacht und das Indianerbild der Europäer geprägt. Vielleicht ist es sogar ihm zu verdanken, dass wir heute eines der reiselustigsten Völker sind.

Zwar ist Karl Mays weitschweifiger Schreibstil heute nicht mehr gut lesbar und die Indianerfilme wirken ziemlich altbacken. Das Karl-May-Museum in Radebeul erfreut sich trotzdem ungetrübter Beliebtheit. Seit 1895 hatte Karl May in der „Villa Shatterhand", seinem letzten Wohnhaus, und der 30 Jahre später im Garten erbauten Blockhütte „Villa Bärenfett" zahlreiche Ausstellungsstücke zusammengetragen, später sammelten seine Fans Artefakte aus aller Welt und vor allem über die indigenen Völker Nordamerikas. Dank ihnen ist das Karl-May-Museum heute nicht nur Gedenkstätte für einen Schriftsteller, sondern ein sehenswertes ethnografisches Museum.

Interaktiv das Leben der Prärie-bewohner kennenlernen ...

Fans bewundern die „Silber-büchse" von Winnetou und Shatterhands mächtigen „Bären-töter", die Karl May heimlich von einem Büchsenmacher in Kötzschenbroda anfertigen ließ, um seine Lügengeschichten zu „beweisen". Aber auch wer bei Indianern zuerst an den Apachen-häuptling Abahatschi oder Yakari denkt, wird in der „Villa Bärenfett" mit reichlich Input versorgt.

Der ausgestopfte Grizzlybär am Eingang hat mich schon als Kind erschreckt; heute ist er eines von vielen spannenden Objekten über den Alltag der Native Americans. An Spiel- und Taststatio-nen lernt man die täglichen Gepflogenheiten der Prärie-Indianer kennen: Wie rasiert man sich mit Muschelschalen? Auch die Kolonisierung durch die Europäer, die den Ureinwohnern Nordame-rikas bis heute Lebenschancen nimmt, wird nicht verschwiegen.

... und über den riesigen Grizzly staunen

In der „Villa Shatterhand" wird das Leben und Wirken von Karl May vorgestellt. Die Arbeits- und Wohnräume des Schriftstellers sind voller exotischer Souvenirs, vom Orientteppich und riesigen Globus bis hin zur Obstschale aus dem Panzer eines Gürteltiers. Fast wie beim Zauberer Dumbledore, finden jüngere Besucher. Und im Souvenirshop gibt es neben Win-netou- auch Yakari-Merchandise.

Richtig voll wird es im Karl-May-Museum jedes Jahr im Mai, wenn Fans aus aller Welt zum Karl-May-Fest kommen. Die Anreise mit dem Auto wäre fantasielos; richtige Cowboys (und das sind viele!) reiten. Wer kein Pferd hat, besteigt am Bahnhof in Radebeul Ost die Lößnitzgrundbahn und lässt sich von der betagten schwarzen Dampflok über das weiträumige Festgelände ziehen. Der „Lößnitzdackel" zuckelt dann als Santa-Fe-Express durch den Lößnitzgrund und lässt sich von kriegerischen Indianern überfallen. Die Fahrgäste müssen sich keine Sorgen um ihre Skalps machen: Mitreisende Marshals siegen traditionell über die feindlichen „Rothäute".

Indianische Zahnbürste: Miswak

Ganz im Sinne Karl Mays dürften diese Räuber-und-Gendarm-Spielereien nicht sein. Der Schriftsteller, in dessen Romanen es oft kämpferisch zugeht, setzte sich stets für die unterdrückten Ureinwohner ein. „Und Friede auf Erden" ist der Titel eines seiner letzten Romane; den Beginn des Ersten Weltkriegs hat Karl May zum Glück nicht mehr erlebt.

Info

Lage:
Karl-May-Straße 5, 01445 Radebeul

Anfahrt: aus Dresden über Leipziger/ Meißner Straße; Straßenbahnlinie 4 Haltestelle Schildenstraße/Karl-May-Museum oder S-Bahnlinie 1, Bahnhof Radebeul Ost

Öffnungszeiten: Dienstag bis Sonntag 9 bis 18 Uhr, im Winter nur bis 17 Uhr

Eintritt: Erwachsene 9 EUR, Kinder 4 bis 16 Jahre 3 EUR

Website: *karl-may-museum.de*

45 Radebeul

SPITZHAUSBLICK VON DER HIMMELSLEITER

Radebeul liegt an der Straße nach Meißen, die „Sächsische Weinstraße" heißt. Hier erheben sich über Kilometer die bis zu 80 Meter hohen Hänge der Lausitzer Verwerfung am Elbufer, Sachsens einzigem und Deutschlands nordöstlichstem Weinbaugebiet, wo seit über 800 Jahren Wein angebaut wird.

Das barocke Schloss Wackerbarth verkauft seinen preisgekrönten Sekt bis nach China, Busladungen voller Touristen werden hier täglich ausgekippt. Schon August der Starke feierte hier rauschende Feste. Das Schloss gehörte seinem Generalfeldmarschall August Christoph von Wackerbarth, der sich vom Shooting-Star Johann Christoph Knöffel, dem Erfinder des sächsischen Rokoko, einen Altersruhesitz bauen lassen wollte. Das Schloss in Radebeul war der zweite Versuch – Knöffels erstes Bauprojekt, der Barockgarten Großsedlitz, hatte dem Kurfürsten so gefallen, dass er ihn sich von Wackerbarth schenken ließ. Bedauerlicherweise konnte der Feldmarschall seinen Ruhesitz kaum genießen; nur vier Jahre nach der Fertigstellung starb er.

Die erste Treppe führt hinauf zur Hoflößnitz

Der verhinderte Altersruhesitz mit dem barocken Ziergarten und dem weißen Schloss ist heute Sitz des einzigen sächsischen Staatsweinguts und vermarktet sich als „Erlebnisweingut", das zu multimedialen Rundgängen einlädt und Rieslinge, Burgunder und preisgekrönte Sektmarken produziert. Wem das zu viel Konsumzirkus ist, der findet in Radebeul noch viele weitere Weingüter; einige so klein, dass man die Weine im privaten Garten der Winzer probiert.

Fast geschafft: Blick hinüber zum Spitzhaus

Ein bei den Dresdnern sehr beliebtes Weingut liegt ziemlich genau in der Mitte der Weinhänge. Bevor die „Hoflößnitz" in den Besitz der Stadt Radebeul gelangte, war sie 500 Jahre lang ein Landsitz des Wettiner Fürstengeschlechts. August der Starke und seine Vorgänger und Nachfolger tobten sich auch hier aus, mit Jagdgesellschaften und rauschenden Bällen.

Schon damals ragte das kleine Spitzhaus unter den Namen „Spitziges Haus" von der Kante des Weinhangs auf, obwohl es inzwischen so stark umgebaut wurde, dass die ursprüngliche Form des kleinen Weinberghauses nicht mehr zu erkennen ist. Das unter Denkmalschutz stehende Restaurant ist ein Wahrzeichen von Radebeul und bietet von seiner Veranda 241 Höhenmeter über dem Elbtal einen fantastischen Blick.

Kurfürst Augusts Haus-und-Hof-Baumeister Daniel Pöppelmann gestaltete nicht nur das Spitzhaus um, nachdem sein Vorgesetzter es von der Gräfin Cosel geschenkt bekommen hatte – in etwas heruntergekommenem Zustand, ts, ts. Der Zwinger-Baumeister war es auch, der sich die Jahrestreppe einfallen ließ: eine 365 Stufen lange Treppe mit zwölf Plattformen zum Verschnaufen für die adeligen Damen und Herren, die von der Hoflößnitz die 100 Meter zum Spitzhaus hinaufsteigen konnten. Und das taten sie gern; im Gästebuch des Spitzhauses sind Besuche von König Karl X. von Frankreich, dem österreichischen Kaiser Joseph II. oder dem späteren deutschen Kaiser Wilhelm vermerkt.

Wein gibt's in Radebeul an jeder Ecke

Tatsächlich musste man, damit die Treppe nicht zu steil wurde, für den Anstieg sogar 390 Stufen bauen. Das macht die Jahrestreppe zwar zur längsten barocken Treppenanlage Sachsens, aber ihren Namen hat sie damit ein wenig verfehlt. Hilfsweise nennt man die Treppe Himmelsleiter oder ganz profan Spitzhaustreppe. Ein kleines Schild, das man bei Stufe 25 passiert, erinnert tapfer an Pöppelmanns Plan:

„Damit der Volksmund recht behält,
wird künftig erst ab hier gezählt.
Von hier an ist es wirklich wahr:
Bis oben hin ergibt's ein Jahr."

Grauburgunder, Scheurebe oder Traminer?

Der Aufstieg ist auch ohne Reifrock schweißtreibend und wird von den Radebeulern gern als Challenge in die Joggingrunde eingebaut. Oben angekommen, kann man im Muschelpavillon kurz verschnaufen und die Kleider richten, bevor es die etwa 140 Meter zum Spitzhaus geht. Wer lieber ohne gesellschaftliche Zwänge die frische Luft genießt, der biegt schon 50 Meter vorher zur Ruine des Bismarckturms ab. Zwar ohne Weinausschank, aber mit einigen Bänken lädt auch dieser beliebte Aussichtspunkt zum Weitblick über das westliche Dresden ein.

Blick hinab auf Radebeul

Wessen Knie schon beim Anblick der 390 Stufen gegen das Wieder-Absteigen protestieren, der kann ganz sanft zurück hinab ins Elbtal wandern, entweder nach Westen über den Rieselgrund und die Lößnitzgrundstraße, weiter auf der Heinrich-Zille-Straße durch Niederlößnitz bis zum Dorfkern von Altkötzschenbroda an der Elbe – oder nach Südosten über den Bilz-Rundweg und die Eduard-Bilz-Straße zum S-Bahnhof Radebeul Ost, wo die historische Dampfeisenbahn, der „Lößnitzdackel", am Lößnitzbach entlang nach Moritzburg fährt.

Info

Lage: Spitzhausstraße 36, 01445 Radebeul

Anfahrt: zum Spitzhaus über Dresden-Trachau und Wahnsdorf, zur „Hoflößnitz" über Leipziger/Meißner Straße und Hoflößnitzstraße, Parkplätze dort und auf der Winzerstraße, direkt neben der Hoflößnitz am Knohllweg ist ein kleiner Besucherparkplatz. Ohne Auto ist die Hoflößnitz nur nach einem längeren Spaziergang erreichbar, vom S-Bahnhof Radebeul Ost (oder Straßenbahnlinie 4 Haltestelle Landesbühnen Sachsen) über die Paradiesstraße/An der Jägermühle/Weinbergstraße.

Öffnungszeiten: Mittwoch bis Samstag 12 bis 21 Uhr, Sonntag 9:30 bis 14 Uhr; Sommerterrasse Mittwoch bis Sonntag ab 12 Uhr

Aktivitäten:
- Weingut Hoflößnitz: der Durchgang zur Spitzhaustreppe ist immer offen; Weinterrasse von April bis Dezember Dienstag bis Sonntag ab 12 Uhr, im Januar/Februar nur an Wochenenden beim Hoflößnitzer WeinbergGlühen 12 bis 20 Uhr; Knohllweg 37, 01445 Radebeul, *hofloessnitz.de*

Website: *altkoetzschenbroda.de/spitzhaustreppe*

46 Meißen

ALTSTADTSPAZIERGANG FÜR TREPPEN-FANS

Tausende Touristen kommen jedes Jahr nach Meißen. Die meisten besichtigen aber nur die Porzellanmanufaktur, essen eine „Meißner Fummel" im Café des Outlets – und verpassen das eigentliche Meißen.

Dessen schmale, von unzähligen Treppen verbundene, kopfsteingepflasterte Gassen bilden nämlich ein unglaublich hübsches Labyrinth, in dem es sich nicht nur an lauen Sommernachmittagen herrlich flaniert. Rollstuhl- und Kinderwagenfahrer sind leider außen vor, aber alle anderen sollten sich die kurze Runde durch die Altstadt nicht entgehen lassen.

Vom Bahnhof führt der Stadtspaziergang auf dem Nicolaistieg über den Triebisch-Bach und dann nicht nach links zur Porzellanmanufaktur, sondern rechts in die Görnische Gasse hinein. Wer Treppen mag, steigt die Justusstufen bergan

Treppauf, treppab durch die Meißner Altstadt

und genießt den Blick von oben und einen kleinen Naturlehrpfad. Über die Frenzelstufen gelangt man wieder hinab auf die Jüdenbergstraße, die bergab zur Rosengasse oder der ebenso entzückenden, parallel verlaufenden Webergasse führt.

Es sei jedem verziehen, der hier mehrere Runden dreht. Die Häuser der Görnischen Vorstadt sind schief und krumm, bunt gestrichen und von Rosen umrankt – einfach bildhübsch. Früher führte der Hauptweg aus der Stadt durch das Görnische Tor; über die Webergasse, die vormals Kühgasse hieß, liefen jeden Morgen die Kühe durch das Stadttor hinaus.

Ein Abstecher, erneut über Treppen, führt links vom Eingang zur Rosengasse über den Seelensteig, auf dem einst arme Betschwestern für das Seelenheil der Verstorbenen beteten. Oben

Altstadt-Idyll am Kleinmarkt

treffen dessen Stufen auf die vom anderen Ende der Rosengasse hinaufführenden Superintendenturstufen, die man ebenfalls einmal ablaufen sollte – nicht nur, weil sie an der weiß strahlenden Frauenkirche und dem Tuchmachertor vorbeiführen, sondern weil man den Buchstabenstein nicht verpassen will,

Der Buchstabenstein

der oben am Ende der Stufen in die Stützwand der Freiheit eingelassen ist. Dahinter liegt der Augustinerstift St. Afra, in dem heute ein Gymnasium für Hochbegabte residiert. Wer genau hinschaut, entdeckt in diesem Sandsteinrelief von 1690 alle Buchstaben des Alphabets – oder zumindest die ersten vier, die an die Initialen eines Ehepaars erinnern sollen, das hier einst lebte.

Weiter an der Mauer der Freiheit entlang, wird das Kopfsteinpflaster immer holpriger und die Mauern links und rechts werden immer höher. Weil wir Treppen lieben, steigen wir über den steilen Seelensteig wieder bergab und schauen kurz am Walterbrunnen vorbei, dessen Wasser noch bis in die 1950er-Jahre über Holzröhren den Markt versorgte. Geschichten von einem ertrunkenen Domvikar oder einer zerstückelten Leiche, die die Röhren verstopfte, machen den Gang durch den dunklen Hohlweg vor allem abends etwas gruselig.

Über die Schlossstufen geht es hinauf zur Burg

Weiter geht's über die Leinewebergasse und dann scharf links wieder treppauf über die Roten Stufen. Der Panoramablick über die Dächer Meißens und das am anderen Elbufer aufragende Spaargebirge wird mit jeder Treppenstufe besser; aber auch in der Nähe bieten sich tolle Anblicke, wie etwa der Giebel des Prälatenhauses, eines der ältesten Gebäude in Meißen.

Vorbei an den alten Domherrenhöfen rechts und links der Freiheit führt die Schlossbrücke zum Domplatz. Mit dessen Erkundung, dem Bewundern des Quellsteins und der Besichtigung der an den Dom geschmiegten Albrechtsburg wird aus dem Halbtagsausflug schnell ein mehrtägiges Vorhaben.

Immerhin ist hier die Wiege Sachsens: Im Jahr 929 erbaute Heinrich I., der erste deutsche König, die Burg Misni, um die herum

Weiß strahlt die Albrechtsburg über Meißen

die Markgrafschaft Meißen entstand. Das macht die Albrechtsburg zum ältesten Schloss Deutschlands.

Eilige schauen wenigstens noch von der Außenmauer des Doms auf die Elbe. Vom Fuß des Blauen Turms führen schmale Treppen bergab zurück in die Altstadt, vorbei an den Rebstöcken eines Bioweinguts.

Über Theaterplatz und Postgässchen geht es zum Markt, an den das schmuck sanierte spätgotische Rathaus und viele knallbunte Renaissance-Bürgerhäuser grenzen. Eine Kaffeepause hier unten, zu den Klängen des Porzellan-Glockenspiels von der Frauenkirche, ist ebenso schön wie oben im Panorama-

Die Frauenkirche ragt aus der Altstadt auf

Biergarten des Doms – also vielleicht steigt man gleich noch einmal die Schlossstufen hinauf, die von der Burgstraße und dem Hohlweg abzweigen?

Wenn nicht, auch nicht schlimm: Über die Fleischergasse und den Hahnemannsplatz ist man in weniger als zehn Minuten zurück am S-Bahnhof.

Das Torhaus ist der Eingang zur Albrechtsburg

Lage:
ca. 30 Kilometer westlich von Dresden

Anfahrt: linkselbisch über die B6, große Parkplätze an beiden Elbufern, auch Wohnmobilstellplätze. Die Altstadt ist (leider) nicht autofrei, aber in die engen Gassen sollte man tunlichst nicht hineinfahren. S-Bahn S1 aus Dresden, ca. 30 Minuten vom Hauptbahnhof, über Radebeul und Coswig bis Meißen Altstadt; oder ca. 30 Kilometer auf dem Elberadweg

Aktivitäten:
- Dom zu Meißen: täglich 10 bis 17 Uhr, kleines Museum zur Domgeschichte im Keller; Eintritt Erwachsene 4,50 EUR, Kinder ab 7 Jahre 3 EUR, Dom-/Turmführungen 6,50 EUR, 6 EUR; Domplatz 7, 01662 Meißen, *dom-zu-meissen.de*
- Albrechtsburg: täglich 10 bis 18 Uhr, Eintritt Erwachsene 10 EUR, Schüler ab 17 Jahre 8 EUR; Domplatz 1, 01662 Meißen, *albrechtsburg-meissen.de*

HINWEIS: Die „Meißner Fummel" ist ein handballgroßes Gebäck aus Blätterteig, das ähnlich wie ein Windbeutel vorrangig aus Luft besteht und angeblich die Porzellan transportierenden Postboten testen sollte, ob sie auch vorsichtig genug waren.

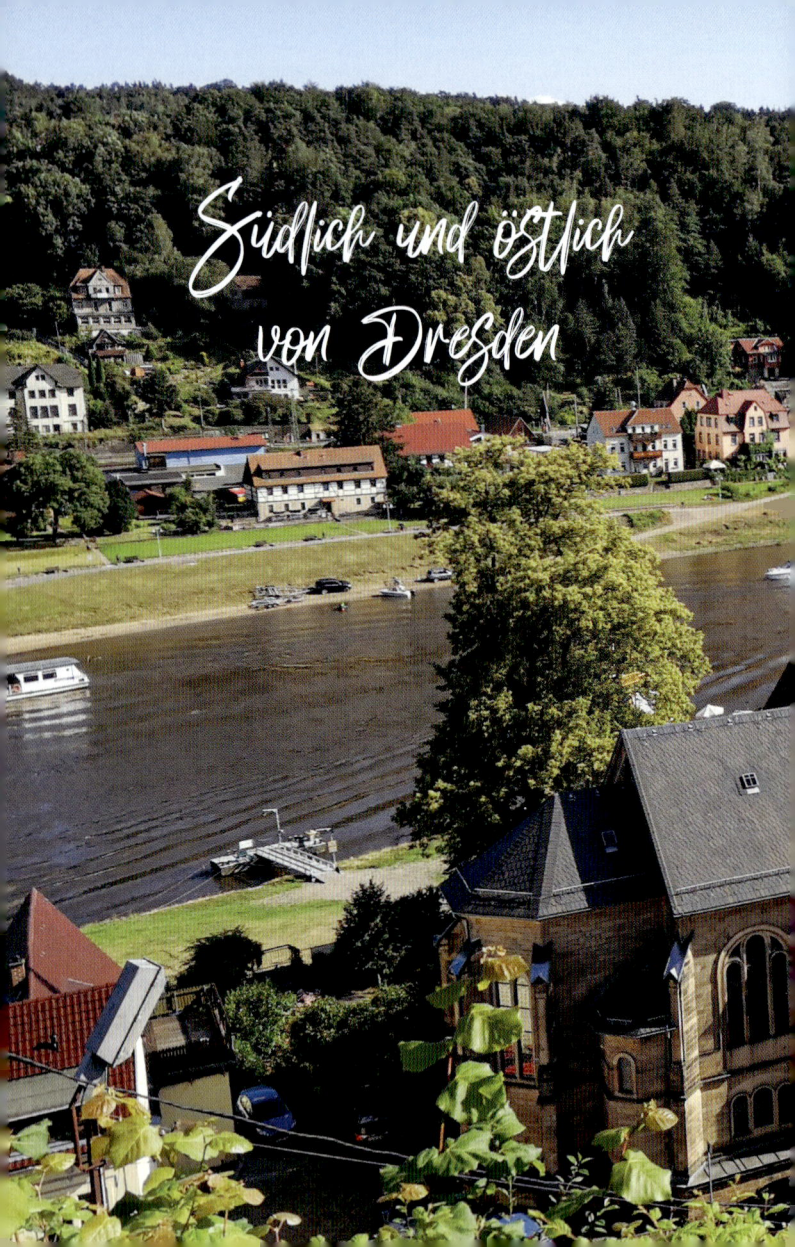

Südlich und östlich
von Dresden

Das Städtchen Wehlen ist das Tor zur Sächsischen Schweiz

Südlich und östlich von Dresden

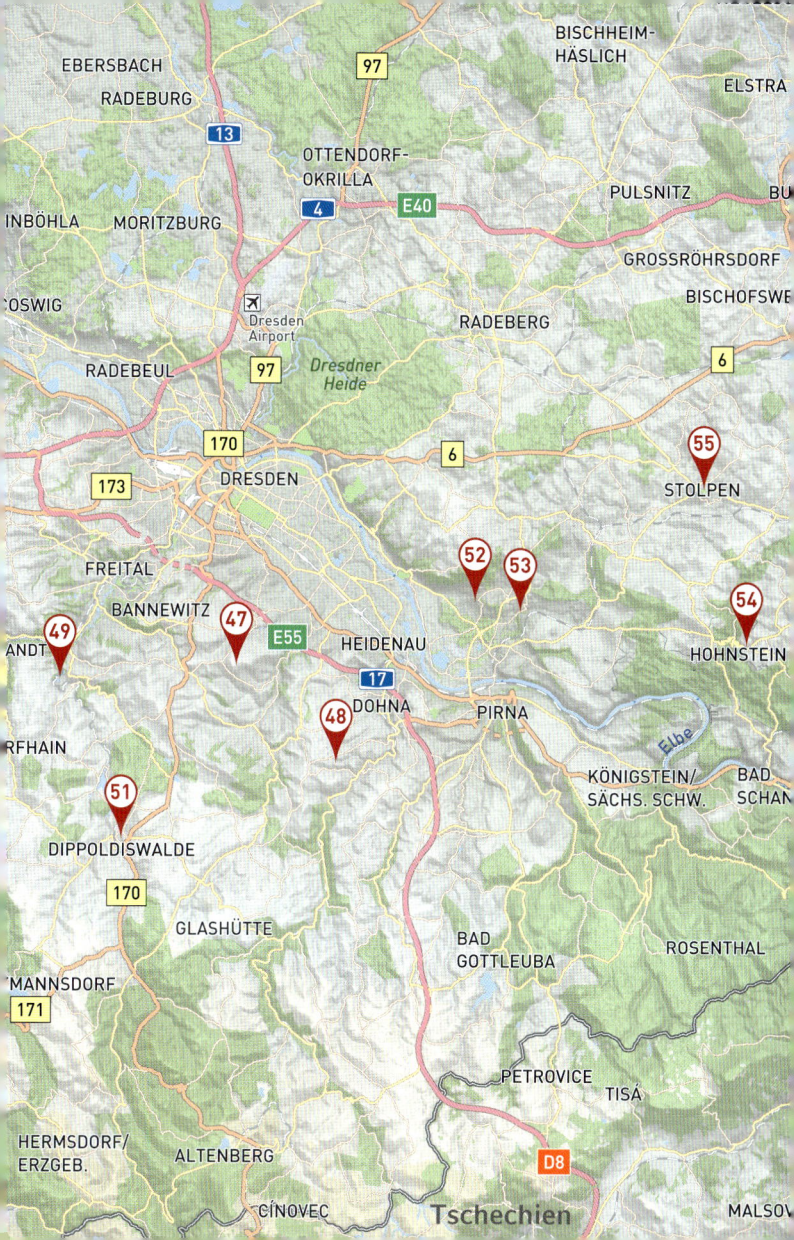

47 Die Babisnauer Pappel

ALT WIE EIN BAUM ...

Die Babisnauer Pappel bekommt mindestens seit 1866 regelmäßigen Besuch aus der Stadt, vor allem wegen des herrlichen Rundumblicks, der sich von der waldlosen, 335 Meter hohen Kuppe bietet. Nach Norden schaut man von dem sanft geneigten Hügel auf das Westlausitzer Bergland, den Borsberg bei Pillnitz und die Lößnitzhöhen, im Osten erkennt man bei klarem Wetter die Tafelberge der Sächsischen Schweiz und im Süden spitzen die Quohrener Kipse, der Hermsdorfer Berg und der Wilisch bei Kreischa aus dem Dunst.

Seit über 200 Jahren steht sie auf dem Zughübel im Süden Dresdens inmitten von Feldern – eine Schwarzpappel, die nicht einmal besonders schön gewachsen ist. Die Dresdner lieben sie trotzdem und attestieren ihr sogar hellseherische Fähigkeiten.

Mehrmals wurden Aussichtstürme an und neben den Baum gebaut und mehrmals bekam er Unterstützung durch andere Bäume. Die insgesamt vier Eichen, die man hier nachträglich hinpflanzte, konnten der Babisnauer Pappel ihren VIP-Status nicht abspenstig machen und gingen bald wieder ein. Nur die 1890 gepflanzte Bismarck-Eiche hält bis heute durch.

Nun aber zu den magischen Fähigkeiten der Babisnauer Pappel: Was hat es damit auf sich?

Zunächst einmal ist es wundersam, dass die Pappel überhaupt hier oben wächst; ihre Artgenossen mögen es lieber feucht und wachsen in Gruppen in Flusstälern. Das war dem Gutsbesitzer Johann Gottlieb Becke offenbar nicht bewusst, als er die Schwarzpappel 1808 als Grenzbaum auf den Zughübel pflanzte. Dank des fruchtbaren Lößbodens, der hier oben abgelagert ist, konnte sie trotzdem gedeihen und tut das auch weiterhin. Messungen des Stammdurchmessers zeigen aber, dass die Babisnauer Pappel

Von der Zeit zerzaust: die Babisnauer Pappel

im Vergleich zu ihren artgerecht wachsenden Kolleginnen immer ein wenig zu dünn war und ist.

Hin und wieder bekommen die Dresdner einen Schreck: etwa während des Preußisch-Österreichischen Kriegs, als die Pappel den Kundschaftern als Ausguck diente, zum Glück aber nicht beschossen wurde. Auch im Zweiten Weltkrieg hatte sie Glück und wurde weder von den Alliierten abgeschossen noch, wie geplant, als allzu auffällige Sichtmarke von den Deutschen gefällt.

Hier kommt nun die hellseherische Komponente ins Spiel. Man sagt der Babisnauer Pappel nämlich nach, sie könne das Ende von Kriegen prophezeien. Schwarzpappeln blühen nur unregelmäßig und auch dieses Exemplar tut das selten. 1870 und 1918 passte die Blüte zum Kriegsende in Deutschland und als sich 1943 wieder die wolligen Pappelblüten zeigten, notierte das nicht nur Victor Klemperer voller Hoffnung in seinem Tagebuch ("LTI" ist eine sehr lesenswerte Chronik des Dritten Reichs, wie es der Schriftsteller in Dresden erlebt hat).

Hoffentlich steht sie noch lange hier oben

Ihre schöne runde Krone verlor die Babisnauer Pappel dann ganz schnöde bei einem heftigen Gewitter im Jahr 1967 – seitdem ist sie sechs Meter niedriger. Brandstifter und ein weiterer Sturm haben der Pappel heftig zugesetzt; ihre Form erinnert jetzt eher an einen Hexenhut, und über die nachbarschaftliche Unterstützung der Bismarck-Eiche, an die sie sich zunehmend anlehnt, scheint sie sich zu freuen.

Darf ein Baum irgendwann aufgeben und sterben? Die Dresdner wollen ihre Pappel behalten. Immer wieder werden ihre Äste behutsam in Form gesägt, der brüchiger werdende Stamm wird mit Metallklammern gestützt und von Seilen zusammengehalten. Nur noch ein paar Zentimeter ragt die Pappel über ihre Nachbarin, die Bismarck-Eiche, hinaus. Von den ehemals drei Hauptästen ist nur noch einer übrig und mit jedem Unwetter büßt die Pappel weitere Äste ein.

Die Dresdner haben daher schon mal für eine Nachfolgerin gesorgt: 2006, in dem Jahr, als die Schwarzpappel der Baum des Jahres in Deutschland war, wurde ein nachgezüchteter Schössling der alten Dame neben sie gepflanzt, der seitdem schon auf mehr als acht Meter gewachsen ist. Das mit dem rechtzeitigen Blühen wird die altehrwürdige Pappelmutter ihrer Tochter hoffentlich noch beibringen – wobei es natürlich besser wäre, wenn die prophetische Blüte nie mehr nötig wäre.

Info

Lage: am Ortsrand von 01731 Kreischa, am Alten Postweg

Anfahrt: etwa zehn Kilometer aus dem Stadtzentrum nach Süden, über A17/Abfahrt Prohlis und Tschirnhausstraße/Leubnitzer Straße/Golberoder Straße oder auf B170 über Bannewitz und Hänichen nach Possendorf, dort auf Windmühlenweg/Alter Postweg, kleiner kostenfreier Parkplatz 200 Meter unterhalb der Pappel

HINWEISE:
- Die Aussichtsplattform ist zurzeit leider gesperrt.
- Keine Toiletten oder andere Versorgungsmöglichkeiten in der Nähe, auch keine Bushaltestelle!
- Von fern erkennt man inzwischen eher die Bismarck-Eiche am Horizont, also vor dem Fotoshooting aufpassen, dass man nicht den falschen Baum ablichtet!

48 Schmorsdorfer Linde

MINI-MUSEUM FÜR EINE GROSSE FRAU

Auch Clara Schumann und ihr Mann Robert hielten sich öfters im einige Kilometer südlich gelegenen Dorf Maxen auf. Dort, in der Mitte des Ortsteils Schmorsdorf, stand damals und steht heute noch eine knorrige Linde und schaute über das Land – nach Dresden und zu den Tafelbergen der Sächsischen Schweiz weiter im Süden.

Am schönsten ist Dresden aus der Entfernung. Die Lage der Stadt im Talkessel, umrahmt von Wäldern und Feldern, ist einfach romantisch. Das stellten im Laufe der Jahrhunderte viele Künstler fest, die zur Erholung die Niederungen der Stadt verließen.

Die Sommerlinde ragt seit ewigen Zeiten am Schmorsdorfer Dorfanger auf; ihr Alter wird zwischen 500 und 800 Jahre geschätzt. Schon in Berichten aus dem Jahr 1630, als rund um Dresden der Dreißigjährige Krieg tobte, wird sie erwähnt. Als im Winter 1884 ein Schneesturm drei Äste abbrach, war sie 44 Meter hoch. Heute misst sie nur noch 24 Meter; ihre Baumkrone wurde 1997 eingekürzt, da sie entzweizubrechen drohte.

Im Dorfleben ist die Linde fest verankert; Kinder spielen in ihrem hohlen Stamm, in den bis zu 15 Personen hineinpassen sollen (vielleicht gestapelt?) und der – das können nur Linden – auch von innen mit Rinde bewachsen ist. Auf der Bank davor sitzen die Alten und hoffen; man sagt, dass man jedes Jahr einen

Wunsch erfüllt bekommt, wenn man ganz still unter der Linde sitzt. Hochzeitspaare aus der Gegend machen Erinnerungsfotos unter dem Baum, und die Gestorbenen werden auf ihrem Weg zum Friedhof an der Linde vorbei getragen.

Was muss diese Linde, die heute zu den mächtigsten ihrer Art in ganz Europa gehört, in ihrem Leben gesehen haben? Nicht nur die zarte Gestalt von Clara Schumann, die öfters nachts hierherkam, wenn sie keinen Schlaf fand.

Das kleinste Museum Sachsens ...

1759 schaute der Baum zu, als im Siebenjährigen Krieg die Österreicher den preußischen General Fink gefangen nahmen. Die Winterschlacht mit dem riesigen napoleonischen Heer kann man besichtigen:

... und das einzige über Clara Schumann

Ein 4,50 Meter langes Diorama aus Hunderten Zinnfiguren zieht sich in einem Schaukasten an der Wand des Grundstücks Nr. 7 entlang – in Privatinitiative von einem Herrn König aus Dresden geschaffen. Wow!

Weniger kriegerisch ging es Mitte des 19. Jahrhunderts rund um die Linde zu. Damals trafen sich Künstler im Maxener Schloss der Familie Serre, unter anderem Clara Schumann, Pianistin und Komponistin aus Leipzig. Die hatte sich einige Jahre zuvor gegen den Willen ihres Vaters Friedrich Wieck heimlich mit dessen Schüler Robert Schumann verlobt und ihn dann geheiratet – was die beiden vor Gericht gegen den Vater erstreiten mussten. Das Paar war in vielerlei Hinsicht ungewöhnlich; so übernahm Clara auch als Ehefrau und Mutter mit Konzertreisen die finanzielle Versorgung der Familie. Später, als Robert Schumann jahrelang in einer Nervenheilanstalt war und dort auch starb, stand Clara Schumann immer auf wirtschaftlich eigenen Füßen.

Sie starb 30 Jahre nach ihrem Mann als international anerkannte Pianistin. Als Komponistin entdeckte man sie erst in den 1960er-Jahren wieder – Wendekinder erinnern sich noch an das Bildnis Clara Schumanns auf dem 100-DM-Schein von 1990.

Überraschend, dass es bis ins 21. Jahrhundert kein einziges Clara-Schumann-Museum in Deutschland gab. Erst 2006 gründete Fans aus Maxen das Lindenmuseum Clara Schumann. Sie wählten ein ehemaliges Spritzenhaus neben der Schmorsdorfer Linde, das vielleicht schon zu Clara Schumanns Zeiten dort stand. Das Häuschen diente in den 1990er-Jahren als Poststelle, heute ist der einzige Raum von nur 6,85 Quadratmetern Grundfläche gefüllt mit vier Informationstafeln zur Schmorsdorfer Linde und zum Leben und Wirken von Clara und Robert Schumann.

Sehr klein, aber fein – und nicht nur für Fans spannend

Klein, aber oho, könnte das Motto des Museums lauten. Es hält gleich drei Rekorde: als Deutschlands einziges Clara-Schumann-Museum, kleinstes Museum Sachsens und einziges Lindenmuseum in Deutschland. Hinzufügen könnte man noch, dass es eines der wenigen Museen ist, die rund um die Uhr geöffnet sind – bei freiem Eintritt. Wer auf Clara Schumanns Spuren nachts zur Schmorsdorfer Linde wandeln will, kann im Anschluss einen Abstecher ins Museum machen.

Die Winterschlacht bei Maxen als Zinnfiguren-Diorama

Tagsüber sieht man mehr von der Gegend; dann kann man nicht nur die Weitsicht auf Dresden und das Erzgebirgsvorland genießen, sondern auch auf dem Clara-Schumann-Weg vom Schloss Maxen über Schmorsdorf nach Weesenstein laufen.

Info

Lage: Schmorsdorf 2, 01809 Müglitztal, 20 Kilometer südlich von Dresden

Anfahrt: von Dresden über Prohlis nach Lockwitz, dort rechts abbiegen auf S175 nach Wittgensdorf und Maxen, in Maxen links abbiegen nach Schmorsdorf; wenige Parkplätze vor dem Rietzschelhof neben der Linde; S-Bahnlinie S1 nach Heidenau, von dort Bus 202 nach Maxen Dorfplatz Haltestelle Schmorsdorf (ca. 30 Minuten)

Öffnungszeiten Lindenmuseum: immer

Eintritt: frei

HINWEISE:
- Der Clara-Schumann-Weg ist vier Kilometer lang und mit einem weiß-gelb-weißen Querstrich markiert.
- Übrigens: Das kleinste Museum Dresdens ist mit deutlich größeren 22 Quadratmetern das Schillerhäuschen in Loschwitz, das in einem Gartenpavillon an der Schillerstraße untergebracht ist.

49 Rabenauer Grund

SAGENHAFT KLETTERN

Den Dresdnern geht ein Ruf voraus: Sie sind kletterwütig. An Wochenenden wimmeln die Felswände der nahen Sächsischen Schweiz von kletternden Familien und zähen Boulder-Freaks, an Wochentagen oder bei schlechtem Wetter tummeln sie sich in den fünf Indoor-Kletterhallen der Stadt (und an deren Außenwänden).

Dresdner waren es, die 1868 das Sportklettern erfanden (also: auf einen Felsen steigen, nur um ihn zu besteigen), und im Elbsandsteingebirge zeugen zahlreiche Gedenktafeln und Plaketten von Erstbesteigungen durch Dresdner. Der berühmteste ist Sebastian Abratzky, ein Schornsteinfeger von 18 Jahren, der sich den Eintritt zur Festung Königstein sparen wollte und kurzerhand die uneinnehmbare Festung durch eine Felsspalte in der Außenwand bestieg.

Heute ist das Elbsandsteingebirge mit über 1000 freistehenden Felsen und mehr als 2000 Routen das größte Klettergebiet Deutschlands.

Steile Felswände im Rabenauer Grund

Entsprechend gut besucht sind die Gipfel und Wanderwege, vor allem an Wochenenden. Zum Glück ist die Sächsische Schweiz nicht die einzige Gelegenheit zum Kraxeln und Klettern, die man von Dresden in kurzer Zeit erreichen kann. Auch direkt im Stadtgebiet kann man auf schmalen Pfaden an Felswänden entlang balancieren, geführt mit Handläufen, über metallene Trittbretter oder Leitern.

Aber in Dresden gibt es doch gar kein Gebirge? Stimmt, aber es gibt den Rabenauer Grund im Süden der Stadt. Dessen steile Felswände geben zumindest einen kleinen Vorgeschmack auf einen zünftigen Kletterausflug; allemal ausreichend für einen kurzen Sonntagsausflug oder zum Testen, ob einem das Klettern überhaupt liegt.

Geheimtipp: der Abstecher vom Hauptweg in die Somsdorfer Klamm

Im Naturschutzgebiet Rabenauer Grund zwischen Freital und Tharandt ragen dicht bewaldete Felswände fast 80 Meter hoch auf und bilden dabei Formationen, die den Felsnadeln in der Sächsischen Schweiz ganz ähnlich sind. Sie tragen auch ähnliche Namen: Da gibt es den Predigtstuhl, das Brautbett oder das Nadelöhr. Und zu allen führen vom Boden des tief eingeschnittenen Tals kleine Kletterpfade hinauf. Die Dresdner nutzen den Rabenauer Grund seit 200 Jahren zur Erholung und zum Wandern; die ersten Kletterpfade wurden schon 1893 angelegt.

Der schmale Pfad ist nur der Anfang!

Zwischen den Felswänden, entlang des Wanderwegs, fließt die Rote Weißeritz unschuldig in ihrem hübsch sanierten Bett dahin. Informationstafeln des „Energielehrpfads" erklären anschaulich, wie die Kraft des Flusses im Wasserkraftwerk Rabenauer Grund zur Energiegewinnung genutzt wird. Wie groß diese Kraft ist, haben die Dresdner 2002 eindrucksvoll gelernt.

Einzig die junge Vegetation und die sauber verfugten Flussufer deuten darauf hin, dass sich dieses Flüsschen beim Jahrhunderthochwasser von 2002 binnen weniger Stunden in einen reißenden Strom verwandelte. Zwischen Malter und Dresden rissen die Fluten alles mit sich fort – Straßen, Brücken, Häuser. Auch den Eingang zur Somsdorfer Klamm zerstörte die Flut, und es dauerte bis nach der nächsten Jahrhundertflut im Jahr 2013, bis man diesen Klettersteig wieder begehen konnte.

Für Kinder ist es ein Abenteuer ...

... für Erwachsene ein schweißtreibender Aufstieg

Heute überquert man hinter dem Besucherparkplatz des Freitaler Freizeitzentrums „Hains" die Rote Weißeritz auf einer schicken neuen Brücke, biegt dann nach links auf den Energielehrpfad ein und läuft knapp 150 Meter, bis der kleine Buschbach einmündet. Dort biegt der Weg zur Somsdorfer Klamm ab, ausgeschildert und markiert mit einem gelben Strich.

Schon nach wenigen Metern fühlt man sich wie in einem verwunschenen Märchenwald, von den Sonntagsspaziergängern auf dem Hauptweg ist nichts mehr zu hören. Sonntagsstaat und feine Schuhe wären auch keine gute Idee, um die Somsdorfer Klamm zu bezwingen: Der Pfad wird immer enger, führt dann über umgestürzte Bäume und schmale Metallgitter und schließlich etwa 40 Meter eine unglaublich steile, lange Treppe hinauf zur Teufelskanzel.

Von oben erblickt man in der Ferne die Häuser von Tharandt; weit unten im Tal hört man die Rote Weißeritz rauschen.

Die Kletterpartie ist jetzt bereits geschafft – weiter geht es auf dem Wanderweg mit dem gelben Strich nach rechts an der oberen Felsenkante wieder zum Ausgangspunkt der Wanderung zurück. Wer noch nicht genug hat, der kann unten dem Energielehrpfad weiter folgen und sich an der fast ganz zugewachsenen Himmelsleiter, dem Predigtstuhl und anderen kleinen Felsformationen ausprobieren.

Start der Wanderung:
Freital Weißeritzpark/FEZ Hains (ausgeschildert), An der Spinnerei 8, 01705 Freital

Länge: ca. 2,5 Kilometer, mit Kletterpartie maximal 45 Minuten

Anspruch: einfach; kleinere Kinder sollten aber festgehalten werden und den Aufstieg auf die Teufelskanzel weglassen

Anfahrt: mit dem Auto von Dresden ca. 15 Kilometer, Parken am FEZ Hains; Buslinie A aus Dresden-Löbtau bis Haltestelle „Haltepunkt Coßmannsdorf" oder S-Bahn S3 vom Dresdner Hauptbahnhof bis Bahnhof Freital-Hainsberg West

Aktivitäten:
- Die Weißeritztalbahn, eine historische Dampflok, fährt von Freital Hainsberg ins Erzgebirge nach Kipsdorf mitten durch den Rabenauer Grund.
- Der Sagenweg verbindet mehrere Felsformationen und Orte, um die sich örtliche Legenden ranken. Er führt von der Arthur-Lohse-Brücke (etwa ein Kilometer flussaufwärts von der Somsdorfer Klamm) hinauf zum Predigtstuhl und oben auf dem Hang entlang zur Rabenauer Mühle. Von dort kann man auf dem Grundweg nach Freital Hainsberg zurücklaufen oder mit der Weißeritztalbahn fahren.

50 Tharandt

FORSTBOTANISCHER GARTEN

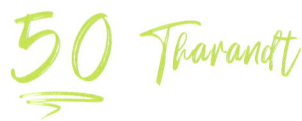

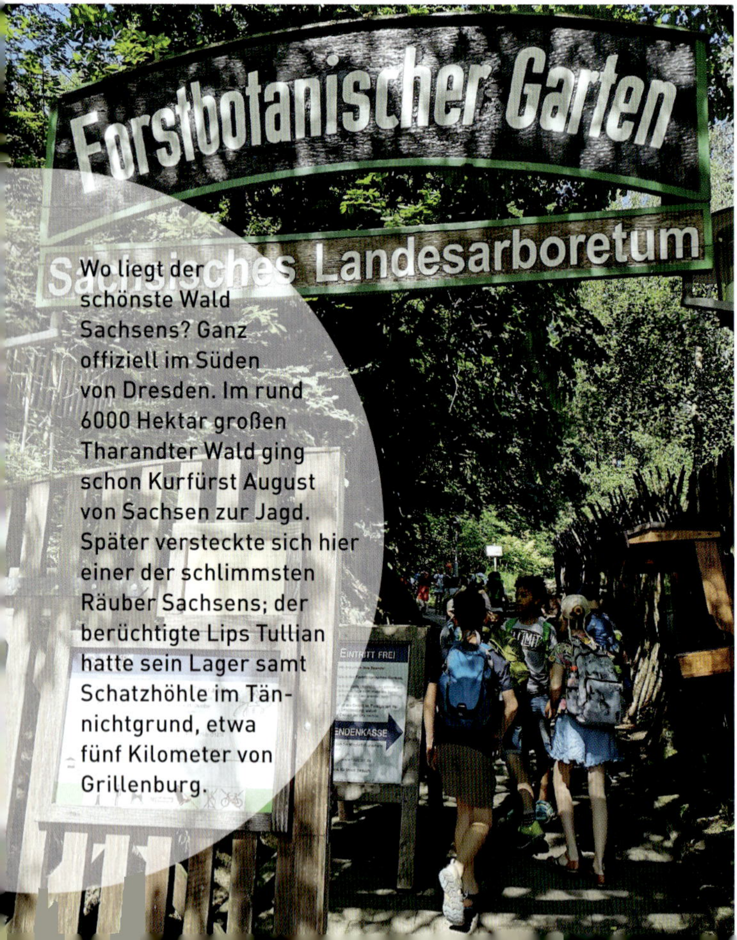

Wo liegt der schönste Wald Sachsens? Ganz offiziell im Süden von Dresden. Im rund 6000 Hektar großen Tharandter Wald ging schon Kurfürst August von Sachsen zur Jagd. Später versteckte sich hier einer der schlimmsten Räuber Sachsens; der berüchtigte Lips Tullian hatte sein Lager samt Schatzhöhle im Tännichtgrund, etwa fünf Kilometer von Grillenburg.

Und wie weit ist es vom beschaulichen Tharandt bis nach Nordamerika? Die überraschende Antwort: Es dauert nur wenige Minuten, und zwar ganz bequem zu Fuß!

Die Hickory-Eichenwälder der nordamerikanischen Appalachen liegen neben zahlreichen anderen Ökosystemen im Forstbotanischen Garten von Tharandt, der sich im Schatten einer Bilderbuch-Burgruine auf einem steilen Talhang über der Weißeritz erstreckt. Obwohl das Gelände von außen klein wirkt (und von unten kaum zu erkennen ist), bietet es auf 34 Hektar Fläche genug zu tun für einen tagesfüllenden Ausflug.

Das historische Schweizer Haus

Insgesamt wachsen im Forstbotanischen Garten, der gleichzeitig das Arboretum des Freistaats Sachsen und eine Lehranstalt der Fakultät Umweltwissenschaften der TU Dresden ist, fast 2000 Arten, von denen allerdings nur 240 in Mitteleuropa zu Hause sind.

Einlass finden die meisten Besucher durch das schlichte Holzgatter am Talgrund, dann geht es immer weiter steil bergauf. Bis man schnaufend den Zeisigstein, auch bekannt als Tharandter Bastei, erreicht hat, ist man an zahlreichen unbekannten Bäumen mit seltsamen Namen, informativen Tafeln und kleinen Gewächshäusern vorbeigekommen. Schwirrt der Kopf von all den neuen Eindrücken, kann man nun in aller Ruhe von der Spitze des Kienbergs hoch über Tharandt den weiten Blick vom Königsplatz genießen.

Ganze Ökosysteme sind nachgebildet

Schon 1811 legte Heinrich Cotta, der Erfinder der nachhaltigen Forstwirtschaft, in Tharandt einen Botanischen Garten an: zur Dokumentation der Pflanzenwelt, aber auch gezielt für die akademische Forschung und Lehre in seiner privaten Forstlehranstalt. Die gründete er auf eigenen Wunsch im bisher unbescholtenen Tharandt und machte sie bald zur Königlich-Sächsischen Forstakademie, deren Studenten aus Russland, Spanien und Österreich kamen und Cotta weltberühmt machten. Goethe und Alexander von Humboldt betrachteten den Försterssohn aus Thüringen als geschätzten Kollegen.

Blick von der Burgruine auf Tharandt

Cottas Lehren über nachhaltigen Waldbau könnten heute, im Zeitalter des Borkenkäfers und des Waldsterbens, nicht aktueller sein. Er riet zum Beispiel in seinem Buch „Anweisungen zum Waldbau" dringend, nicht allzu stark in das natürliche Wachstum des Waldes einzugreifen:

„Die Wälder bilden sich und bestehen also da am besten, wo es gar keine Menschen und folglich auch gar keine Forstwissenschaft gibt."

In nur 20 Jahren gelang es Cotta, die damals arg ausgebeuteten sächsischen Wälder nachhaltig zu bewirtschaften und wieder zu Mischwäldern zurückzubauen – wofür ihm die Sachsen heute noch dankbar sein müssen. Den Tharandter Wald baute Cotta zum „grünen Hörsaal" aus und setzte sich

Mehrere Gewächshäuser stehen im Forstbotanischen Garten

als einer der ersten dafür ein, dass Wälder auch der Erholung der Menschen dienen durften. Seine Studenten pflanzten Cotta zu Ehren 80 Eichen im Grillenburger Wald, etwas südlich des Forstbotanischen Gartens; dort ist der Forstwissenschaftler, der einen Adelstitel zeitlebens ablehnte, auch begraben.

Heinrich Cotta hat auf dem historischen Gelände am Steilhang des Kienbergs noch hauptsächlich einzelne Bäume angepflanzt, etwas später wurden sie in botanische Quartiere eingeordnet.

Nordamerika liegt in Tharandt

Der westliche Teil des Geländes, oben auf der flachen Kuppe des Kienbergs, kam 1997 neu hinzu.

Hier hat man ganze Ökosysteme nachgebildet, in denen gezeigt wird, wie Pflanzen und Tiere im Wechselspiel zusammenleben. Die preisgekrönte filigrane Zeisiggrundbrücke führt hoch über der Straße nach Freiberg 117 Meter in Richtung Nordamerika – zu den Seen der Great Lakes, durch die Steppenlandschaft der Prärie, unter Mammutbäumen (die noch ein paar Meter wachsen müssen) und durch die Felsen der Rocky Mountains.

Neben einem waschechten Totempfahl lädt ein Aussichtsturm erneut zum Rundblick ein, diesmal über das Hochland im Westen, das zu den bewaldeten Hügeln des Erzgebirges führt: Wir sind eben doch nicht in Nordamerika, sondern immer noch in Sachsen.

Info

Lage: Am Forstgarten 1, 01737 Tharandt

Anfahrt: von Dresden über Freital nach Tharandt, Parkplatz am Markt; zum westlichen Eingang am Zeisigweg weiter über Freiberger Straße Richtung Grillenburg und Abzweig zum Parkplatz nehmen (dort ist mehr Platz); S-Bahnlinie S3 zum Bahnhof Tharandt (ca. 15 Minuten vom Dresdner Hauptbahnhof), ausgeschilderter Fußweg zum Haupteingang, oder Bus 345 vom Bahnhof Tharandt bis Haltestelle Zeisigweg

Öffnungszeiten: April bis Oktober täglich 8 bis 17 Uhr, Museum im Schweizerhaus Mittwoch bis Freitag 11:30 bis 14 Uhr, Samstag und Sonntag 11 bis 15:30 Uhr

Eintritt: frei, um Spenden wird gebeten

Dauer: ca. zwei Stunden für den Nordamerika-Rundweg, eine Stunde für den kurzen Rundweg durch den östlichen Teil

Website: *info.forstpark.de*

51 Dippoldiswalde

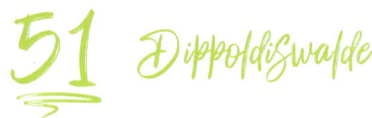

WELTKULTURERBE IM MIBERZ-MUSEUM

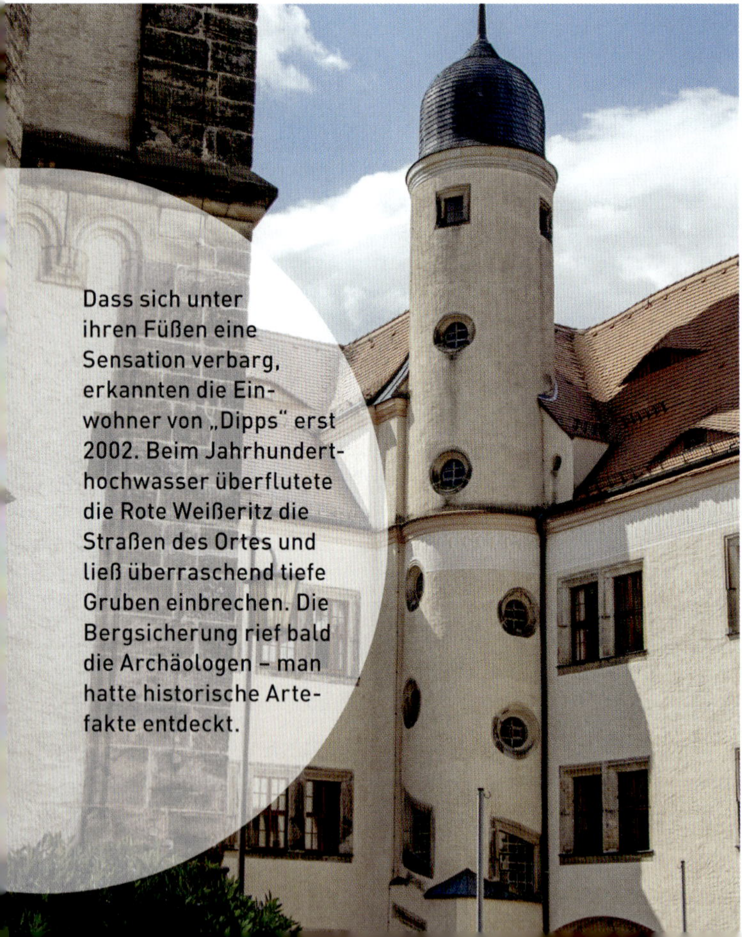

Dass sich unter ihren Füßen eine Sensation verbarg, erkannten die Einwohner von „Dipps“ erst 2002. Beim Jahrhunderthochwasser überflutete die Rote Weißeritz die Straßen des Ortes und ließ überraschend tiefe Gruben einbrechen. Die Bergsicherung rief bald die Archäologen – man hatte historische Artefakte entdeckt.

Die Forscher waren begeistert: Die Flut hat in Dippoldiswalde ein 800 Jahre altes Erbe zutage gebracht, das komplett in Vergessenheit geraten war: einige der ältesten Silberminen des Erzgebirges. Die Bedeutung dieser Entdeckung für die Montanregion Erzgebirge/Krušnohoří kann nicht unterschätzt werden: Seit 2019 genießt das Gebiet, das sich über 17 Stätten in Deutschland und fünf in Tschechien erstreckt, UNESCO-Welterbestatus. Diese Kulturlandschaft wurde über 800 Jahre vom Silberbergbau geprägt, der sich auf jeden erdenklichen Bereich des menschlichen Zusammenlebens auswirkte.

Der Einfluss von Otto dem Reichen von Meißen oder August dem Starken speiste sich aus dem Reichtum der Silberminen. Rechenmeister Adam Ries, der die moderne Algebra erfand, war ein Minenverwalter. Bergbau-Halden, Pingen, Teiche und Kanäle zur Entwässerung der Minen prägen die Landschaft des Erzgebirges, genau wie die großflächigen Abholzungen und Wiederaufforstungen. Bergbaustädte wie Annaberg-Buchholz wurden am Reißbrett entworfen, die Silbertaler aus Jáchymov gelten als Vorlage für den US-Dollar, und die Technologien für den Abbau von Silbererzen, Zinn oder Uran waren so fortschrittlich, dass sie im Bergbau weltweit als Vorbild galten.

1990 schloss die letzte Mine in Freiberg. Für den Tourismus ging es damals erst richtig los. Heute kann man überall im Erzgebirge Schaubergwerke, Museen und historische Bergbau-Anlagen besichtigen. Ein echter Geheimtipp ist das MiBERZ-Museum in Dippoldiswalde – der Stadt, die ganz überraschend in ihr Weltkulturerbe hineinstolperte.

Nachdem dort ab 2008 immer mehr Stollen entdeckt wurden, gründete man das internationale Projekt ArcheoMontan, das sechs Jahre lang dokumentierte, was man fand: bisher 15 Schächte auf einer Fläche von 875 Quadratmetern, voll von fantastisch gut erhaltenen Artefakten. Leitern, Seilwinden und Werkzeuge aus Holz sowie Kleidungsstücke aus Leder geben

Einblicke in das Alltagsleben der Bergleute und ihrer Familien. Weil aus dieser frühen Zeit keine schriftlichen Quellen überliefert sind, geben die Bergwerke von Dippoldiswalde wertvolle neue Einsichten in die damalige Zeit.

Seit 2018 wird die Vergangenheit der Stadt in den Gewölberäumen im Schloss von Dippoldiswalde präsentiert – im kleinen, aber sehr modernen MiBERZ-Museum (der Name steht für „Mittelalterlicher Bergbau im Erzgebirge"). Mit Apps, die multimedial durch die Ausstellung führen, Virtual Reality und anderen Spielereien wird die Geschichte des Silberbergbaus in Dippoldiswalde anschaulich gezeigt. Jüngeren Besuchern erklärt der elfjährige Frieder von seinem Leben im Mittelalter-Dipps.

Anders als in den Schaubergwerken in Freiberg oder Annaberg kann keine einzige Mine in Dippoldiswalde betreten werden, nicht einmal die Stolleneingänge sind mehr zu sehen. Auch Ausgrabungsstätten über Tage, zum Beispiel am Obertorplatz, wurden aus Sicherheits- und Kostengründen wieder zugeschüttet – wo im 12. Jahrhundert die Bergleute und ihre Familien direkt neben den Grubenhäusern und den Förderanlagen lebten, parken heute Autos neben einer Grillbude.

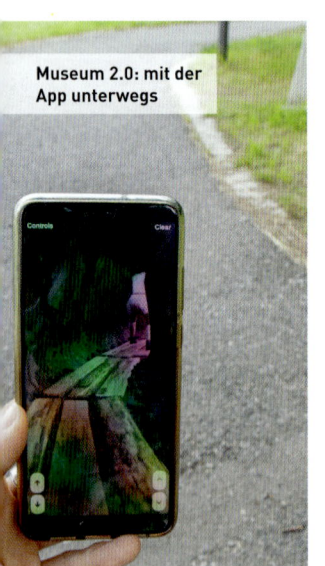

Museum 2.0: mit der App unterwegs

Das macht aber gar nichts, solange man ein Smartphone dabeihat. An den Stationen des Bergbaulehrpfades wird kurz ein Symbol eingescannt, und schon entfaltet sich eine zweite Realität: Am Busbahnhof schwebt plötzlich eine virtuelle 3D-Karte der unterirdischen Stollengänge in der Luft, die dort 2011 entdeckt wurden. An der Station auf der Glashütter Straße fährt man mithilfe der App „Medieval Mines" in ein mittelalterliches Bergwerk ein: Vorsichtig läuft man mit ausgestrecktem Arm dem Smartphone hinterher durch einen mit Holz ausgelegten Stollen, wo Bergleute im Feuerschein nach Silber hämmern.

Wer also in Dippoldiswalde Menschen sieht, die mit Smartphone seltsam orientierungslos durch die Gegend wandern: nicht wundern, das sind Geschichtsfans!

Eine Ausstellung im Schloss erweckt die Silberminen zum Leben

Info

Lage: im Schloss, Kirchplatz 8, 01744 Dippoldiswalde; Tel.: 03504 612629

Anfahrt: ca. 20 Kilometer südlich von Dresden, über B170, parken am Obertorplatz oder auf dem Einkaufscenter-Parkplatz; Buslinie 360 ab Dresden Hauptbahnhof bis Busbahnhof Dippoldiswalde (ca. 35 Minuten), von dort ca. fünf Minuten zu Fuß

Öffnungszeiten: Dienstag bis Sonntag 10 bis 17 Uhr

Eintritt: Erwachsene 5 EUR, Kinder 2,50 EUR

Mediaguide: Tablets sind ausleihbar im Museum, kostenloser App-Download (aktuell nur für Android) von „Montanarchäologie in Dippoldiswalde" im Google Play Store oder über die Museums-Website, App „Medieval Mines" für die AR-Stationen des Bergbau-Lehrpfads ebenfalls für AR-kompatible Android-Geräte im Play Store

Websites:
- *miberz.de*
- *montanregion-erzgebirge.de*

52 Graupa

WO WAGNER WIRKTE UND WANDERTE

Wer war Wagner?
Die Frage ist ganz
ernst gemeint. Denn
obwohl viele meinen,
den vielleicht weltweit
berühmtesten deutschen
Komponisten zu kennen,
weiß die Mehrheit doch
nur, dass Wagner in Bay-
reuth die endlos lange
„Nibelungenlied"-Oper
geschrieben hat und ein
Liebling Hitlers war.

Wer war Wagner wirklich? So könnte man die Frage genauer stellen. Eine gründliche Antwort bekommt man in Graupa, einem beschaulichen Ortsteil von Pirna, das nahe Dresden am Tor zur Sächsischen Schweiz liegt. Aus genau diesem Grund weilte Richard Wagner, gebürtiger Leipziger mit einer Kindheit in Dresden, im Sommer 1846 mit Frau und Hund für drei Monate hier: um den Kopf freizubekommen und zu wandern.

Das schlichte Quartier im Bauernhaus der Familie Schäfer mag für Wagner, den Kapellmeister des Königlichen Hoftheaters (der heutigen Semperoper), ziemlich exotisch gewesen sein – wir würden es heute „Homestay" nennen. Die frische Luft, das einfache Leben und die beeindruckenden Landschaften des Elbsandsteingebirges sorgten für reichlich Inspiration: In einem wahren Schaffensrausch entwarf Wagner in Graupa die Oper „Lohengrin", sein mit Abstand erfolgreichstes Werk.

Der Leipziger Max Gaßmeier war 1846 gerade erst geboren. Als glühender Wagner-Fan machte er 61 Jahre später mit Stücken aus seiner eigenen Sammlung und vielen Schenkungen aus dem Bauernhof das „Lohengrin-Haus": die weltälteste erhaltene Wagner-Wohnstätte, die museal genutzt wird. Im Obergeschoss kann man sehen, wie die Wagners damals logierten – allerdings wurde die originale Einrichtung anhand von Beschreibungen nachgestaltet. Im Erdgeschoss, dem ehemaligen Stall, können Lohengrin-Liebhaber die Entstehung und Rezeption des revolutionären Musikdramas nachvollziehen.

Interessanter für Nicht-Wagnerianer wird es im 150 Meter entfernten Jagdschloss Graupa, wo seit 2013 der Hauptteil der Wagnerstätten untergebracht ist – und wo es so spannend und interaktiv zugeht, dass selbst Kinder und Popmusik-Fans fasziniert sind. In sechs extrem farbigen Räumen voller interaktiver Objekte werden Wagners Leben und Wirken in Sachsen, die literarischen Quellen seiner Opern, die Feinheiten seiner Kompositionen und seine Innovationen in der Bühnentechnik vorgestellt.

Die Wagner-Stätten im Jagdschloss Graupa

Mit einer Motivkarte, die man am Einlass erhält, starten die einzelnen Stationen. Kinder entdecken besondere Ausstellungsstücke auf Augenhöhe (also auf Hüfthöhe der Erwachsenen), wie etwa das Rastra – ein spezielles Gerät zum Vorzeichnen von Notenzeilen.

Wussten Sie, dass Wagners Leitmotivtechnik Vorbild für zahlreiche Hollywood-Filmmusikkomponisten war? Dass Wagner sehr modebewusst war und gern in wehenden Morgenmänteln herumlief? Dass er für seine Opern selbst Bühnentricks entwickelte, um Wasser darzustellen oder einen Menschen mit einem Knall in einen Schwan zu verwandeln? Dass er spezielle Instrumente entwickelte und so lange experimentierte, bis seine Musik exakt so klang, wie er sich das gedacht hatte?

Auch die Rezeption Wagners und seine Vereinnahmung durch die Nationalsozialisten bekommen Raum in der Ausstellung. Wagner wird zwar durchaus nicht glorifiziert und aus möglichst vielen verschiedenen Blickwinkeln betrachtet. Aber da sich die Wagnerstätten in Graupa auf die Zeit des Komponisten in Sachsen konzentrieren, können spätere Entwicklungen wie Wagners Antisemitismus und seine Beziehung zu Hitler in den Hintergrund rücken.

So klein sie auch sind: Die Wagnerstätten sind deutlich mehr als ein Museum. Es gibt eine umfangreiche Wagner-Mediathek, im Rahmen des „Wagner-Cafés" werden regelmäßig Vorträge gehalten, Sonderausstellungen wechseln alle paar Monate, und Wagner-Stipendiaten können während ihrer Recherchen in den Wagnerstätten wohnen.

Rund um das Jagdschloss erstreckt sich eine idyllische Hügellandschaft, die zum Wandern einlädt. Um auf Wagners Spuren durch die Sächsische Schweiz zu laufen, ist Graupa ein guter Startpunkt. Zum Liebethaler Grund, wo der Sächsische Malerweg beginnt und ein 12,5 Meter hohes Monument an Wagner erinnert, sind es nur fünf Kilometer, etwa ebenso weit ist es über den Borsberg nach Pillnitz.

Ein Schwerpunkt der Ausstellung liegt auf Sachsen

Info

Lage: 01796 Pirna OT Graupa;
Tel.: 03501 461 9650
- Jagdschloss: Tschaikowskiplatz 7
- Lohengrin-Haus:
  Richard-Wagner-Straße 6

Anfahrt: ca. 15 Kilometer von Dresden; am schönsten ist die Strecke am nördlichen Elbufer entlang, vorbei am Schloss Pillnitz; schneller geht es südlich der Elbe über die A17 mit Abfahrt in Pirna. Parken auf dem kostenfreien Besucherparkplatz nördlich des Jagdschlosses; Buslinie 83 ab Pillnitzer Platz bis Graupa Tschaikowskiplatz

Öffnungszeiten: Dienstag bis Freitag 11 bis 17 Uhr, Samstag und Sonntag 10 bis 18 Uhr (November bis Gründonnerstag nur bis 17 Uhr)

Eintritt: Tickets für beide Ausstellungen im Jagdschloss; Erwachsene 7 EUR, Kinder bis 18 Jahre frei (nach der Schatzkarte fragen!)

Website: *wagnerstaetten.de*

53 Liebethaler Grund

MALERWEG-START MIT MUSIK

Die erste Etappe beginnt im Pirnaer Ortsteil Liebethal, wo von den Sandsteinfelsen noch nichts zu sehen ist. Das ändert sich schnell, wenn man dem Flüsschen Wesenitz folgt, das sich auf wenigen Hundert Metern immer tiefer in den Boden gräbt und die Felswände links und rechts immer höher aufragen lässt.

Schon bald ist von den goldenen Kornfeldern des Pirnaer Umlands nichts mehr zu ahnen; mystisch-dunkel schieben sich die von umgestürzten Bäumen und Farn überwucherten Felswände an den Pfad heran – wie von Riesenhand hingeworfene Felsbrocken laden immer wieder zum Kraxeln abseits des Weges ein.

Und dann, ein Donnerschlag: Nach Passieren des ehemaligen Elektrizitätswerks von Pirna-Copitz ragt ein wahrhaft monströses Monument auf. Das (samt Sockel) mehr als zwölf Meter hohe Wagner-Denkmal aus schwarz lackierter Bronze, pompös wie die Opern des Maestro, steht seit 1933 im Liebethaler Grund, angefertigt vom Dresdner Bildhauer Richard Guhr, einem Professor für Monumentalkunst. Zum 120. Geburtstag und 50. Todestag des Meisters

Mit einem doppelten Bäng beginnt der Malerweg, der sich über 112 Kilometer durch den Nationalpark Sächsische Schweiz zieht. Maler wie Caspar David Friedrich oder Ludwig Richter verewigten die Schönheit des Elbsandsteins in Öl, Hans Christian Andersen war von den Schluchten und Felsnadeln genauso verzaubert wie die Komponisten Richard Wagner und Carl Maria von Weber.

der Krachbumm-Oper wurde das größte Wagner-Standbild der Welt erschaffen: Wagner als Gralsritter mit Harfe, umgeben von den fünf Elementen seiner Musik.

Obwohl die Nazis Wagners Opern mochten, wäre die Statue 1942 beinahe zu Kriegszwecken eingeschmolzen worden. Danach versank sie in Vergessenheit und Gestrüpp.

Monumental: Wagner im Liebethaler Grund

Erst 2013 wurde der Bronze-Hüne saniert und bekommt nun auch die angemessene akustische Ehrung: Mit einem Knopfdruck erwacht der solarbetriebene Lautsprecher zum Leben und donnert die Eingangsmusik des „Lohengrin" durch das Felsental. Diese Oper soll Wagner hier im Grund erdacht haben – 1846, als er im nahen Graupa mit seiner Gattin Minna den Sommer verbrachte und ausgedehnte Wanderungen in der Sächsischen Schweiz unternahm.

Das Wandern durch das Sandsteinfelsenmeer war damals deutlich abenteuerlicher als heute, wo an jeder Ecke ein dunkelgrüner Wegweiser beruhigende Entfernungsangaben macht. Dafür konnte Wagner noch zünftig einkehren auf seinen Wanderungen; die Lochmühle, die seit dem 16. Jahrhundert am Eingang des Liebethaler Grundes stand, war zu seiner Zeit noch ein beliebtes Ausflugslokal. Bis zum Bau der Elbtalbahn mussten alle Touristen, die die Schönheit der Sächsischen Schweiz bewundern wollten, hier entlanglaufen oder -fahren.

Eine Ruine wartet auf Rettung: die Lochmühle

Seit dem Tod des letzten Müllers (er stürzte in sein Mühlrad) wurde in der Lochmühle nur noch Bier ausgeschenkt, und auch damit war mit der Wende Schluss. Ein Hotelprojekt mit dem klischeehaften Namen „Walhalla" will die Mühle in ein Luxushotel mit Panoramaaufzug verwandeln.

Die Klänge des „Lohengrin" noch im Ohr, läuft man weiter, vorbei an den verfallenen Überresten der Lochmühle und der Daube-Mühle. Am Straßenrand entlang führt der Weg bald zurück in die Tiefe der Lohmener Klamm, bis er nach vier Kilometern über weite Felder an der Friedenslinde von Lohmen den offiziellen Beginn der Sächsischen Schweiz erreicht.

Die erste Etappe des Malerwegs endet aber noch nicht. Das letzte Wegstück hat es in sich und verzauberte die wandernden Künstler nachhaltig: Von Uttewalde steigt man erneut in ein tief eingeschnittenes Felsental hinab, den Uttewalder Grund. Das Felsentor ist nur der Appetitmacher für die restliche Strecke, die durchgehend von bedrohlichen, moosbewachsenen Felsbrocken überragt wird. Das ist nichts für Klaustrophobiker, aber ideal für heiße Sommertage.

Die erste Etappe führt an der Wesenitz entlang

Empfehlenswert ist der Abstecher zur Teufelskammer und zur Heringshöhle, der kurz vor dem Städtchen Wehlen vom Weg abzweigt. Klettern über Steine und Baumstämme, durch Felsspalten und Höhlen und Staunen über ungewöhnliche Felsformationen – das ist die Essenz der Sächsischen Schweiz, die heute nicht mehr nur Dichter und Maler, sondern Zehntausende Besucher in ihren Bann zieht.

Wer Appetit bekommen hat, dem bieten die weiteren Etappen des Malerwegs Gelegenheit, seine Kondition zu testen. Vorsicht: Sie sind allesamt länger und anspruchsvoller als dieser erste „Teaser".

Fantastischer Auftakt des Malerwegs: die Elbe bei Wehlen

Länge:
11,6 Kilometer mit 297 Höhenmetern, nicht sehr schwierig; der Abstecher zur Teufelskammer hat steile Treppenstücke

Anfahrt: am besten mit Bus und Bahn, um die Etappe nicht doppelt gehen zu müssen
- Zum Start: S-Bahn Linie S1 bis Pirna, von dort ca. 20 Minuten mit Buslinie G/L bis Haltestelle Liebethaler Grund (an Wochenenden nur bis Gasthaus Jessen), ca. 300 Meter zum Start des Malerwegs
- Vom Ziel: Elbfähre von Wehlen nach Pötzscha (gegenüberliegendes Ufer), S-Bahnlinie S1 von Wehlen nach Dresden Hauptbahnhof; das Fährticket gilt auch für die S-Bahn

Restaurants:
- Gasthaus Waldidylle im Uttewalder Grund: Mittwoch bis Sonntag 10 bis 17 Uhr, an Wochenenden bis 18 Uhr
- mehrere Restaurants und Cafés in Wehlen

HINWEIS: Mit wenig Zeit kann man die Etappe teilen und nur die beiden Stücke im Wesenitzgrund rund um das Richard-Wagner-Denkmal und im Uttewalder Grund von Wehlen bis zum Felsentor erkunden. An beiden Teilstücken liegen Wanderparkplätze in bequemer Entfernung.

54 Hohnstein

ABSEITS DER TOURISTENMASSEN ZUM BALKON DER SÄCHSISCHEN SCHWEIZ

Die Sächsische Schweiz ist wunderschön, aber leider wissen das inzwischen nicht nur die Dresdner, sondern Menschen aus der ganzen Welt. An Sommerwochenenden ist es im Elbsandsteingebirge mancherorts voller als am Dresdner Hauptbahnhof.

Aber abseits der Basteibrücke gibt es Wanderwege, die in tiefer Ruhe liegen – und das gleich um die Ecke. Eine besonders schöne Wanderung beginnt im Örtchen Hohnstein und führt durch verwunschenen Märchenwald zur geheimnisvollen Gautschgrotte. Das Finale ist ein Traumblick über das Elbsandsteingebirge, der sich vor der Basteibrücke nicht verstecken muss.

Quasi im Schatten der Bastei liegt Hohnstein hoch oben auf der Lausitzer Überschiebung über dem Polenztal. Diese Felsenkante besteht nicht aus Sandstein, sondern aus Granit und bildet die Grenze des Elbsandsteingebirges, des einzigen Nationalparks von Sachsen – und den Balkon der Sächsischen Schweiz.

Das hübsch restaurierte Hohnstein mit dem abenteuerlich schräg liegenden Marktplatz ist vor dem Start der Wanderung einen Bummel wert. Die Kirche am Marktplatz wurde von George Bähr errichtet; demselben, der auch die Dresdner Frauenkirche entworfen hat. Auch die 800 Jahre alte Burg Hohnstein, die auf einem Felssporn 140 Meter über dem Polenztal thront, ist sehenswert; sie ist die einzige erhaltene Burg im Elbsandsteingebirge auf der Nordseite der Elbe. Zu den Tiefpunkten ihrer Nutzung gehörte die Zeit als KZ, in der DDR war sie die größte Jugendherberge des Landes. Auch heute kann man hier günstig übernachten.

Der Rundwanderweg von Hohnstein zur Brand-Aussicht – dem Balkon der Sächsischen Schweiz – ist mit dem grünen Querstrich markiert. Der Weg führt vorbei am ehemaligen Bärengarten der Burg und trifft dann den Malerweg, der aus dem Polenztal dazukommt. Hier in Hohnstein beginnt die dritte Etappe des achttägigen Fernwanderwegs.

Auf einem abwechslungsreichen Weg geht es auf dem Lehrpfad Hohnstein bis zum Abzweig zur Gautschgrotte. Nicht verpassen! Hinter diesem Abstecher verbirgt sich ein wahrlich magisches Erlebnis. Ein schmaler Pfad führt zwischen Felsbrocken und

Fichten in einen Felsenkessel, der sich zu einem atemberauben-
den Rondell eröffnet – und von dessen 18 Meter hohem Rand ein
Wasserfall hinabtröpfelt (sofern das Grundwasser des Quellhori-
zonts oben genug Wasser führt).

Im Winter bietet die Gautschgrotte ein vielleicht noch magische-
res Erlebnis: Ist es nass und kalt genug, gefriert der Wasserfall
zu einem durchgehenden Eiszapfen. In früheren Zeiten nannte
man die Gautschgrotte deshalb auch „Kaltes Loch".

Nach 1,5 Kilometern erreicht man den Diebskeller, eine der vielen
kleinen Höhlen im Elbsandsteingebirge, wo im Winter mit etwas
Glück ebenfalls ein Eisfall entsteht. Vorbei an einem alten Steinbruch geht es dann nach rechts weiter. Eine Weile führt der Weg
nun geradeaus durch lichten Wald, der sich vom Totalkahlschlag
durch den Borkenkäfer bereits wieder erholt. An der großen
Räumichtwiese zweigt ein Pfad zu einem Aussichtspunkt ab, der
schon einen Vorgeschmack auf die Brand-Aussicht bietet.

Der Weg mit dem grünen Querstrich, der gleichzeitig der Malerweg ist, führt immer weiter geradeaus und gerade dann, wenn
man keine Lust mehr hat, liegt sie da: die Brandbaude mit dem
Balkon der Sächsischen Schweiz.

Gautschgrotte

Von der verträumten Ein-
samkeit hinter Hohnstein
ist hier nichts mehr übrig,
an schönen Tagen drängen
sich an der Brandbaude die
Gäste. Die 317 Meter über
der Elbe gelegene Hütte
ist bei Wanderern sehr
beliebt, wohl auch, weil sie
seit ihrer Wiedereröffnung
2006 rund ums Jahr und
bei jedem Wetter geöffnet

ist. Stärkend wirkt sicher auch die fantastische Aussicht über die Hintere Sächsische Schweiz und das Polenztal: Zur Rechten liegt die Bastei, links ragen die Schrammsteine auf und dazwischen liegt das dicht bewaldete Polenztal. Den Panorama-Hintergrund am Horizont bilden die Tafelberge, die so typisch sind für das Elbsandsteingebirge.

Der blaue Querstrich führt zurück nach Hohnstein, vorbei an einem weiteren tollen Ausblick von der 362 Meter hohen Napoleonschanze. Ob der französische Feldherr wirklich hier gestanden hat, ist nicht belegt; aber sein Heer zog 1813 durch die Sächsische Schweiz und ließ keinen Stein auf dem anderen: Die Soldaten legten zahlreiche Verhaue und Befestigungen für Kanonen an, die man heute noch in Hohnstein sehen kann. Es half alles nichts: Wenige Monate später verlor Napoleon bei Leipzig die Völkerschlacht und war erledigt.

Länge: zehn Kilometer, 227 Höhenmeter, keine Treppen oder Leitern

Anspruch: einige schmale und holprige Wegstellen, aber wenig anspruchsvoll

Anfahrt: ca. 40 Kilometer von Dresden (eine Stunde), entweder über die A17 und dann über Pirna oder über die B6 und Stolpen nach Hohnstein; Buslinie 236/237 ab Busbahnhof Pirna nach Hohnstein (ca. 40 Minuten); oder S-Bahnlinie S1 nach Rathen und ca. fünf Kilometer zu Fuß nach Hohnstein (vorbei an der Bastei)

Restaurant:
- Brandbaude: täglich 10 bis 19 Uhr, mit Spielplatz und kleinem Schaugehege mit Ziegen, Kaninchen und Meerschweinchen; Tel.: 035975 84425, *brand-baude.de*

HINWEIS: Ein ca. 15 Kilometer langer Rückweg von der Brandbaude nach Hohnstein ist der Abstieg ins Polenztal durch den Schulzengrund, markiert mit rotem Querstrich und ab der Waltersdorfer Mühle mit rotem Punkt.

55 Stolpen

BASALTBURG MIT GESCHICHTE UND GEIST

Das erste, was man von der Burg Stolpen erblickt, ist ihr imposantes Fundament. Die Festungsruine steht auf einem Vulkan, dessen Magma vor 25 Millionen Jahren zu Basalt-Säulen erstarrte. Das Gestein gab Stolpen seinen Namen („stolp" ist Sorbisch und heißt Säule), andersherum wurde hier 1546 der Basalt benannt und ist damit „Benchmark" für alle Basaltgesteine der Welt.

Der Basalt türmt sich 357 Meter hoch auf und ist hart wie Granit. Daher war es zwar klug, die Burg Stolpen auf dem uneinnehmbaren Berg zu errichten. Für die Wasserversorgung der Bewohner stellte es aber ein veritables Problem dar. Bergleute aus Freiberg brauchten 22 Jahre, um den tiefsten Basaltbrunnen der Welt zu bohren. Dass das immens teuer war und das Wasser aus 87 Metern Tiefe nur mit viel Aufwand hochgezogen werden konnte – geschenkt.

Ein Fundament aus Basalt: unzerstörbar

Schon seit dem 12. Jahrhundert steht hier eine Burg; die Lage an der Kreuzung einiger Fernhandelswege ist ideal. Die ältesten Türme, der trutzige Schösserturm und der schlanke Johannisturm, wurden im 15. Jahrhundert erbaut; der Kurfürst August von Sachsen baute die Festung zu einem richtigen Schloss aus.

Die Geschicke der Burg Stolpen, die dem Dreißigjährigen Krieg, mehreren Bränden und dem Krieg gegen Napoleon standhielt, waren äußerst wechselhaft. Spuren aus allen Epochen kann man heute in den noch erhaltenen Gebäuden entdecken: Auf dem heute offenen Burghof rund um den sagenhaften Brunnen drängten sich einmal dicht an dicht Wirtschaftsgebäude und Wehrgänge, Ställe und prachtvoll ausgestattete Wohnhäuser – alle aus Holz und nicht erhalten. Die hölzerne Zugbrücke verbrannte im Siebenjährigen Krieg, die hölzerne Wasserkunst (die den Brunnen ergänzte) zerstörten die Franzosen, die gemauerten Wehrgänge wurden Anfang des 19. Jahrhunderts gesprengt und abgetragen.

Das einzige erhaltene Gebäude ist der Wohnturm der Gräfin Cosel

Nur die Festung selbst aus superhartem Basalt hielt sich: die Türme mit den darunterliegenden Verliesen, die Eingangsportale und die Burgmauern, von denen man in die Gassen von Stolpen und weit über das umgebende Land blickt. Bei Familien sehr beliebt ist die Folterkammer aus dem Mittelalter – kleinen Kindern sollte man die Funktionen der einzelnen Folterwerkzeuge besser nicht zu genau beschreiben.

Barock, Basalt und Burggeist

Ausstellung Basalt

Lapidárium

Auch die Erwachsenen gruseln sich, wenn sie beim Rundgang durch die finstern Kellergänge der Burg ein Stöhnen und Ächzen hören – Burggeist Basaltus dreht hier regelmäßig seine Runden und sein irres Kichern dringt durch den Brunnen bis auf den Burghof hinauf.

Das Highlight der Burgruine ist der Johannisturm, im Volksmund: Coselturm. Hier sind in einem kleinen Museum die Wohnräume der Reichsgräfin Anna Constantia von Cosel nachgestellt, die 49 Jahre auf der Burg verbrachte, bis zu ihrem Tod mit 84 Jahren. Die schöne Hofdame hatte ihren Geliebten, Kurfürst August den Starken, so verärgert, dass er sie lebenslang wegsperrte.

Nach allem, was man hört, war sie einfach zu ambitioniert geworden und hatte sich mehr als schicklich

Behutsam wird die Burgruine zum Leben erweckt

Von der Burgkapelle ist nur die Grundfläche übrig

in die Staatsgeschäfte eingemischt. Dabei war August von der eigensinnigen Anna zuerst verzaubert gewesen: Er schenkte ihr Schmuck und Schätze, Paläste und Schlösser rund um Dresden (die er ihr später wieder wegnahm), machte sie zur Reichsgräfin und erklärte schriftlich, sie nach dem Tod seiner Frau zu heiraten und ihre Kinder als Erben anzuerkennen. Letzteres tat er auch und kümmerte sich vorbildlich um alle drei.

Nachdem die Gräfin in Ungnade gefallen war, wäre ein Bekanntwerden dieser Erklärung für den Kurfürsten peinlich geworden. Also ließ er seine Mätresse verhaften und sperrte sie 1716 am Weihnachtsabend auf der Burg Stolpen ein – mit 36 Jahren, ihr jüngster Sohn war gerade drei Jahre alt.

Der Eingang zur Burg: durchaus wehrhaft

Die Gräfin wäre sicher überrascht gewesen, wenn sie erfahren hätte, welchen Ruhm sie heute als tragische Heldin genießt. Obwohl kaum jemand ihre genaue Geschichte kennt (sie war sicherlich nicht völlig unschuldig an ihrer Misere), gilt sie heute als Powerfrau und Gesicht des sächsischen Barocks. Der „Cosel"-Rosé-Sekt des Weinguts Wackerbarth, der gemeinsam mit dem trockenen „August der Starke"-Sekt verkauft wird, setzt ihr ein würdiges Denkmal.

Hübsche Häuser am Marktplatz von Stolpen

*I*nfo

Lage: Schlossstraße 10, 01833 Stolpen; Tel.: 035973 234-10

Anfahrt: mit dem Auto 29 Kilometer von Dresden über B6, aus dem Süden über Pirna und Dürrröhrsdorf-Dittersbach; Parkplätze am Schlossberg (neben dem Stadtbad) oder am Birkenweg; Buslinie R261 ab Pirnaischer Platz/Albertplatz bis Haltestelle Stolpen Schützenhausstraße (ca. 45 Minuten)

Öffnungszeiten: Burggelände und Museen (Dauerausstellungen in der Folterkammer, im Coselturm und im Burgkeller) täglich 10 bis 18 Uhr, geschlossen am 24./25./31. Dezember

Eintritt: Erwachsene 7 EUR, ermäßigt 5,50 EUR, Kinder 6 bis 16 Jahre 1 EUR

Website: *burg-stolpen.org*

HINWEIS:

- Die Grabplatte der Gräfin Cosel ist in der südwestlichen Ecke des Burghofs, wo früher die Burgkapelle lag.
- Wer Burggeist Basaltus wecken will, muss in die Kellergewölbe hinabsteigen (und ein 10-Cent-Stück dabeihaben).

Das kleine Wörterbuch

Der Fürstenzug

Das kleine Wörterbuch

FÜR DRESDEN

Dresden ist die Landeshauptstadt Sachsens, also spricht man hier natürlich Sächsisch. Aber Sächsisch ist nicht gleich Sächsisch – wenn Sie vorher in Leipzig, Chemnitz, dem Vogtland oder der Lausitz ganz im Osten unterwegs waren, werden Sie deutliche Unterschiede in den Mundarten erkennen.

Die Dresdner sprechen Südostmeißnisch, und zwar vor allem schnell und undeutlich – besonders wenn die älteren anfangen, sich aufzuregen, ist der Besucher von außerhalb überfordert und hat den Eindruck, sein Gegenüber würde aufgeregt eine heiße Kartoffel im Mund hin und herbewegen.

Das Dresdner Sächsisch ist weich und sitzt tief in der Kehle, wird aber nicht „gesungen" wie im Vogtland. Harte Konsonanten werden weich ausgesprochen, aus „g" wird „ch", das „ch" wiederum wird zum „sch", störende Vokale dazwischen werden verschluckt. Der Mund des Dresdners ist beim Sprechen tendenziell eher geschlossen und seitlich verzogen: Das A wird zum O, das O zum „Ou", das „Au" zum „Oh" und das E zum Ä.

So wird aus „Guten Morgen" ein kurzes (aber nett gemeintes!) „Morschn", aus „Guten Tag" wird „Daach" und das allzu lange „Entschuldigen Sie bitte" kürzen wir Dresdner mit „Schulldschung" ab. Geht doch viel schneller!

Das Problem: Wer richtig Sächsisch spricht, der kann kein Hochdeutsch. Auch wenn sich Dresdner Mühe geben, für Besucher von außerhalb „rischdsch deutsch" zu sprechen, wird es ihnen kaum gelingen. Sie müssen also gut zuhören, Geduld haben und ruhig ein paarmal nachfragen, wenn Sie nur undeutliches Genuschel hören. Zum „Reinhören" empfehlen sich die „Hördialoge" von Olaf Schubert, die Ihnen neben der Mundart auch noch die Psychologie der Dresdnerinnen und Dresdner auf schreiend komische Art nahebringen.

Neben den Wörtern und Redewendungen, die die Dresdner einfach nur verkürzen und im Mund zu einem weichen Ball zusammenkauen, gibt es Spezialitäten – Wörter, die man nur in Dresden benutzt. Sie bezeichnen entweder ganz normale Dinge oder Tätigkeiten, für die es im Hochdeutschen aber keine Entsprechung gibt. Dazu gehört etwa das Verb „mären", das ich als Dresdnerin partout nicht exakt übersetzen kann. Man „märt" eben herum.

Schließlich finden Sie in der folgenden Übersicht auch noch Dresdner Spezialitäten, die es nur hier (und in der näheren Umgebung) gibt, wie etwa den weltberühmten Striezel.

Also: Machen Se's hibsch! (zu deutsch: Auf Wiedersehen!)

A

abfeddn – „abfetten", abzocken, Geld aus der Tasche ziehen
ausnuddeln – ausleiern, locker werden (z. B. Stoff)
ausmären, auskäsen – sich beeilen, aus den Puschen kommen

B

Bäbe – Napfkuchen
babbsch – „pappig", matschig, weich
bebbeln – Amateur-Fußball spielen
bedebbert – verdattert („Was guggsdn so bedebbert?")
Beffschdegg – „Beefsteak", Bulette oder Falscher Hase

Bemme (Fettbemme) – Schnitte, Brotscheibe mit Belag (typisch: mit Schweineschmalz und sauren Gurken)
biddeln – bummeln (Schaufenster-)
blähgen – schreien, auch: sich lauthals beschweren
Blembe – (ungenießbare) Suppe, (verschmutztes) Wasser
Bongsl – Bonbon
boofen – in einer Höhle im Nationalpark Sächsische Schweiz übernachten
butzsch – seltsam, komisch

dabbsch – „tapsig", unbeholfen, tolpatschig
Dämmse – (schwüle) Hitze
Deibel – Teufel
desdorweeschn – deswegen, darum (meist betont als einzelne Äußerung eingesetzt)
diddschen – sauer sein, eingeschnappt sein („eingediddscht"), aber auch: etwas in eine Flüssigkeit eintunken (Füße in die Elbe, Brötchen in den Kaffee)
dichdsch – tüchtig, fleißig (lobend)
dösen – toben, eilen, Stress machen (nicht: ruhen!)
dreeschen – stark regnen

escha (betont auf „a", mit kurzem „e") – Ach Quatsch, ach nein, ach so?
ega (betont auf dem langen „e") – ständig, dauernd
eua – Doch!

fänsen – weinen, heulen, jammern
feixen – lachen (gern hämisch)
Flebbe – verzogenes Gesicht („Was ziehstn du für ne Flebbe?"), aber: „Flebben" = Führerschein
Flotter Otto – Durchfall
Flunsch – Schnute, eingeschnappter Gesichtsausdruck
Funzel – schwache Lampe

Gelumpe – wertloses Zeug
Griebsch – Apfelrest
Gusche – Mund

Hammorni! – „Haben wir nicht!" (im Geschäft)
Hitsche – Fußbank, kleiner Hocker, Tritt

Huddelei – Probleme, Schwierigkeiten

I

illern – heimlich hineinschauen, lugen

K

Klitscher – Quarkkeulchen (Krapfen aus Quarkteig)
knatschen (mit langem „a") – eingeschnappt sein, sauer sein
knietschen – etwas knapp hineinstopfen, -knüllen
Kriepel – etwas krumm oder schlecht Gewachsenes, etwa ein zu kleiner Baum

L

Latschen – Schuhe
laweede – wackelig, nicht solide
Lorke – Lauwarmes, schales oder anderweitig nicht mehr ganz frisches Getränk, das man sich notfalls trotzdem „reinlorkt"
Lusche – Schlappschwanz, Loser

M

Menkenke – Umstände, Probleme (nur in Aufforderungen: „Mach keene Menkenke!")
muddeln – typisch sächsische, undefinierbare Beschäftigung: irgendetwas erledigen, was kein Ende nimmt, aber für Außenstehende nicht ersichtlich ist und für deren Geschmack viel zu lange dauert; sich beschäftigen um der Beschäftigung willen
Mutzel – Fussel, Staubfluse, Wollmaus, auch: kleines Kind (zärtlich)

N

ningeln – sich (permanent, aber nicht allzu lautstark und eigentlich ohne echten Grund) beschweren, bei Kleinkindern: nörgeln, jammern
ni – nicht (auch in „gor ni")
nor? – „Nicht wahr?", im Chemnitzer Sächsisch noch „newor?", wird ans Satzende angehängt; nicht verwechseln mit -> „nu"!
nu (kurz gesprochen) – ja; auch mehrfach: „Nu, nu!"
Nischel – Kopf

Orschwerblöde! – entrüsteter, resignierter oder genervter Ausruf, wörtlich: „Oh Mann, ich werde blöd!"

Pfannkuchen – Berliner
Plinsen/Eierkuchen – Mischung aus Pfannkuchen und Crêpe, in der Lausitz auch aus Hefeteig

Radaddn – Geld („Her mit de Radaddn!" – „Geld her!")
Ränftel – Brotkanten

Schulldschnsä? – „Entschuldigen Sie?", im Sinne von „Darf ich Sie etwas fragen?", „Darf ich mal durch?"
Semmel – Brötchen (normalerweise ein helles, doppeltes)
schwebborn – (etwas) verschütten; auch „verschwebbern"; „Mist, ich hab geschwebbert" oder „Ich hab meinen Kaffee verschwebbert"

schmoofen – rauchen, auch: knastern
schwoofen – abends ausgehen (mit Trinken und Tanzen)
Striezel – Weihnachtsmarkt auf dem Altmarkt, Dresdner Christstollen; Achtung: Der Baumstriezel (für Touristen: „Chimney Cake") ist ein ganz anderes Gebäck, das dem slowakischen „Trdelnik" oder dem ungarischen „Kürtöskalacs" gleicht und auf einer Rolle im Feuer gebacken wird; erhältlich fast nur auf (Weihnachts-)Märkten auf die Hand

urschen – (zu) großzügig mit etwas umgehen, verschwenden

vorblemborn – Zeit verschwenden, sich verzetteln
vorgaggeiorn – „verkackeiern", veräppeln; auch: „vorhohnebiebeln"

Wansdrammeln – Bauchschmerzen

Residenzschloss

Register

360°

In der Reihe sind bisher erschienen:

Bernadette Olderdissen
ISBN 978-3-96855-071-8

Stephanie von Aretin
ISBN 978-3-96855-078-7

Anke Fietzek
ISBN 978-3-96855-075-6

Nadine Taylor
ISBN 978-3-96855-077-0

HEIMAT**MOMENTE**

HEIMAT**MOMENTE** legt den Fokus auf unvergessliche Momente und spannende Mikroabenteuer. Freuen Sie sich auf Tipps zu ausgefallenen und erlebnisreichen Ausflügen, kulinarischen Highlights sowie einzigartigen Kultstätten und anderen Kuriositäten.

**Preis
je 14,95 €**

Cornelia Lohs
ISBN 978-3-96855-076-3

ABSEITS DER AUSGETRETENEN PFADE

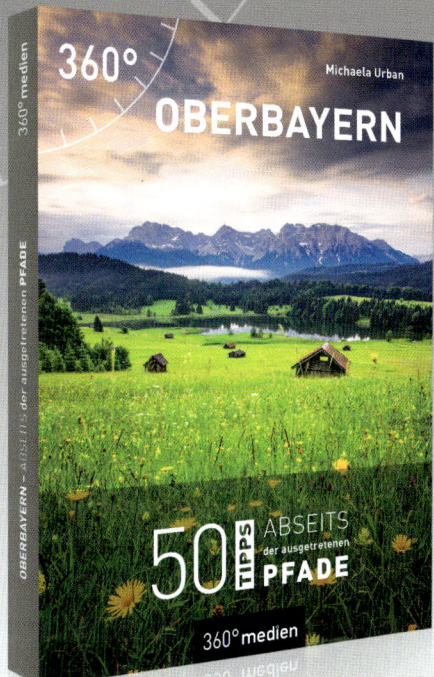

14,95 €

Michaela Urban
256 Seiten, 188 Fotos,
ISBN 978-3-96855-009-1

Dieses Buch ist der perfekte Reiseführer für all jene Besucher von Oberbayern, die gerne abseits von Menschenmengen auf Entdeckungsreise gehen. Es geht zu einsamen Gewässern, in urige Auenwälder und faszinierende Moorlandschaften, durch tiefe Schluchten und auf hohe Berggipfel. Naturfreunde werden traumhafte Pfade entdecken, die selbst Einheimische kaum kennen. Von der mächtigen Alpenkette bis zum sanft hügeligen Altmühltal werden 50 Destinationen abseits der ausgetretenen Pfade in Oberbayern vorgestellt.

Jenny Me____ _af P_____o___ _____-
gerin und P_____
ihrer Gebu_____
und eine _____
lust macht_____
Neuseeland _____
Heimatstad_____ _____
immer eng _____ ___
turstadt und drumherum geht Jenny Menzel
mit ihren Lieben immer wieder gern auf
Tour, auf der Suche nach ungewöhnlichen
Geschichten, Orten und Erlebnissen – und davon gibt es hier reichlich.

Über das Buch
55 Mikroabenteuer in und um Dresden auszuwählen, fällt schwer – denn
es gibt so viel zu sehen! Im Stadtzentrum liegen sagenhafte Schätze
gleich neben köstlichen Erinnerungen an Dresdens glorreiche Zeiten
als Schokoladenhauptstadt Europas, eine falsche Moschee bildet die
Kulisse des größten deutschen Freiluftkinos und am idyllischen Elbufer
radelt man an Schlossruinen, Schlachthöfen und tutenden Schaufel-
raddampfern vorbei, bis man (s)ein Blaues Wunder erlebt.

Vielleicht noch schöner als Dresden selbst ist sein Umland. Hinter
dem Rand des Talkessels, in dem die sächsische Landeshauptstadt
liegt, warten herrliche Landschaften: von den Weinbergen am Elbhang in Radebeul und Meißen über die Himmelsaugen der Moritzburger Teichlandschaft bis zu den Tafelbergen der Sächsischen Schweiz
und der jahrhundertealten Bergbaulandschaft des Erzgebirges. Ob
Kultur-Kurztrip oder Outdoor-Vergnügen: Von Dresden ist beides nur
einen Katzensprung entfernt und immer eng verwoben.

ISBN: 978-3-96855-074-9

€ 14,95